PROFECIAS DA GRANDE FRATERNIDADE BRANCA ALÉM DE 2012

PROFECIAS DA GRANDE FRATERNIDADE BRANCA ALÉM DE 2012

2ª Edição

Valdiviah Gonçalves da Silva Latare

bo (venha) re'eh (veja)

Boreh (Criador)

Venha e Veja o Criador.

© Copyright by Valdiviah Gonçalves da Silva Latare

Capa: Décio Lopes
Diagramação: Décio Lopes
Revisão: Rosemarie Giudilli Cordioli

Dados Internacionais de Catalogação na Publicação(CIP)
(Câmara Brasileira do Livro,SP,Brasil)

Latare, Valdiviah Gonçalves da Silva,

Profecias da Grande Fraternidade Branca Além de 2012 – São Paulo, Editora Alfabeto, 2012

ISBN: 978-85-98736-49-5

1. Mensagens e Profecias 2. Tempos Finais I. Título

Todos os direitos sobre esta obra estão reservados à Autora, sendo proibida sua reprodução total ou parcial ou veiculação por qualquer meio, inclusive internet, sem autorização expressa por escrito da autora.

www.crisostelar.com.br
Email: central@crisostelar.com.br

EDITORA ALFABETO
Rua Protocolo, 394 | CEP 04254-030
São Paulo/SP | e-mail: edmilsonduran@uol.com.br
Tel: (11)2351.4168 | Fone/Fax: (11)2351.5333
www.editoraalfabeto.com.br

Agradecimentos

A todos que procuram o verdadeiro significado da Vida,
pois felizes são os que acreditam, pois herdarão a TERRA.

Prece

Ó Deus, aqui estou, aqui EU SOU
Um só contigo e a Teu Serviço.
Abre a porta da minha consciência
E deixa-me exigir como nunca o fiz
Que meu direito inato seja restaurado
Tua Filha pródiga a ti voltou
E anseia percorrer uma vez mais contigo
Cada passo do caminho de voltar a andar.

Para

Aos que anseiam encontrar o caminho
de retorno aos braços de Deus.
Amor, Paz e Luz.

Valdiviah

Sumário

Agradecimentos 5

Introdução 9

Palavras da "Grande Mente" para a iniciação 11

Nove de setembro de 2001 16

Festa dos anjos 21

Holocausto invisível 23

Termo final: 29

Líder do Amanhã 30

Fraternidade Branca 35

A liberdade de cada um 47

O caos atual 53

Saudações aos filhos Guardiães das Chamas 82

Ano após ano – 12 de dezembro de 2002 93

As etéricas cidades de luz e os centros energéticos planetários ... 103

Mensagem da Grande Fraternidade Branca
e da Confederação da Luz para este momentum 113

Pronunciamento de Marte diante dos homens terrestres 116

Afinal o que vai acontecer em e além de 2012?
Estamos em 2003 125

Toda orientação sobre 2012. A hora da união de Alfa e Ômega .. 130

Mensagem dos Maias Cósmicos 148

Projeto portal para o futuro através
da rede de cristal disco solar 157

A Mãe Celestial me intuiu telepaticamente 166

A todos os amados irmãos e irmãs
na luz do esquadrão da Terra 169

Mensagem em poesia – Final 177

Mensagem super especial para todos meditarem 180

O conselho dos doze para o atual dia cósmico.
Dia 21 de dezembro de 2012 181

A revelação do Pai Celeste é urgente 188

Outros eventos relacionados e de suma importância:
Complementação 194

Alinhamento dos chakras 202

Cronograma da Operação Disco Solar 204

Agradecimento Especial 216

Centro de Luz de Kenich Ahan 217

Outros produtos da autora 219

Referência bibliográfica 222

Introdução

Hoje, com frequência, homens e mulheres tendem a considerar que a Justiça Divina seja injustificável. A ideia de um Deus vingativo é detestável para tais pessoas. Deveriam compreender que as leis de Deus são as leis da vida e que é a morte ou os fatores que se opõem à plenitude da vida e da vida abundante, que na realidade constituem o inimigo do homem. Aliás, o último inimigo do homem que deve ser destruído é a morte, tal qual vemos em 1º Coríntios 15:26: *O último inimigo a ser destruído é a morte*. A Grande Lei Cósmica, portanto, ao remover os obstáculos produz, por causa dos atos errôneos dos homens, um ato de "retribuição" ou "vingança" que pertence à Lei no sentido impessoal de ajuste divino e que por esse motivo é minha... Diz o Senhor. É o que podemos extrair de Romanos 12:19: *Não façais justiça por vossa conta, caríssimos, mais daí lugar a ira, pois está escrito; 'A mim pertence a vingança, eu é que retribuirei, diz o Senhor'...*

Desta forma, sem que houvesse a ação purificadora da Lei Divina, os homens em sua ignorância poderiam continuar para sempre na ronda da consciência dos sentidos, em uma competição inútil, desprezível e de manifestações visando à destruição simplesmente, sem nunca conduzirem o seu próprio ser ou o Planeta ou mesmo qualquer outro planeta do sistema de mundos, existentes em todas as galáxias e universos, à plenitude do plano divino estabelecido.

Portanto, se considerarmos que o próprio Planeta busca a sua elevação e ascensão, a vitória de cada ser humano contribui sobremaneira para a vitória do todo.

E é exatamente o que os Mestres desejam de nós. Que possamos beber do néctar do Ser Divino, que transmutemos todas as dificuldades que encontrarmos pelo caminho probatório e nos libertemos da servidão terrena, pois há muito trabalho a realizar em outras dimensões de existência. Deve-se buscar com afinco e dedicação não escapar do serviço e do trabalho, mas escapar das coisas que têm mantido a Humanidade na prisão, para que assim quando a trombeta da vitória ressoar, esta seja uma vitória ascendente.

Os Mestres nos ensinam, e principalmente Hierofante de Luxor, que há muitas pessoas que se aproximam dos portais da ascensão e são mandadas de volta por alguns dos motivos que a mantiveram presa anteriormente e cujas causas não foram eliminadas.

A Mente Infinita criou o homem para que ele expandisse a sua consciência até chegar ao infinito. O finito não é mais que um salto que permite passar do vazio de uma realidade cega para a segurança do domínio da prova concretizada. Os homens, portanto, demonstram a lei obedecendo à lei. Eles veem a verdade sendo a verdade. Eles ascendem por meio da fé e não da dúvida.

Mahrcos

Palavras da "Grande Mente" para a Iniciação

Ó SOL, que emana sobre esse plano, o Calor de Mim Mesmo...
Ó Aragem, que passa acariciando os seres...
Ó Despertar do Espaço à Terra, como EU mesmo ME desperto em todos os instantes e VIBRO...
Sou EU mesmo que orvalho da Terra e Semeio. É neste orvalhar e semear, que EU ME DOU, EU MESMO...
EU SOU a expressão e como assim SOU, ME expando em todas as direções, porque sendo EU MESMO, EU SOU O SOL e o PRÓPRIO COSMOS.
Sou o espaço, Sou o Infinito, e unido em MIM MESMO, expando-me a MIM MESMO, na Irradiação Cósmica...

SOU O PAI, O FILHO E O ESPÍRITO SANTO.
SOU A LUZ...
EU SOU O TODO...

Pai Nosso ao EU SOU

Oh! Vós infinita e sagrada Presença de Deus.
Criativa Força do Universo, sagrado seja o vosso nome.

Vós sois em nós a fonte da Vida e do Amor.
Em profunda gratidão, reverenciamos a mais alta Fonte de Vosso Ser,
Porque Vós sois EU SOU o EU SOU.

Vós sois a Força e Onipotência que dá vida a todos os seres.
Nós reconhecemos a Vossa Vontade Divina em nós, agora e sempre.
Que Vosso Reino possa manifestar-se sobre a Terra, sendo reconhecido pela Humanidade.

Oh! Presença do Amor, Onipotente Espírito Criador EU SOU. Nós vos sentimos em nossos corações. Nós Vos reconhecemos em nossas mentes.
E Vos vivenciaremos em nossa Consciência. Dai a todos nós da Substância de Vossa Santa Presença, para que enquanto servirmos a Vós, nós possamos usufruir da abundância de todo o Bem.

Pedimos perdão pela falta de cumprimento de Vossas Leis da Harmonia e Amor para nós e para todas as criaturas humanas, e para qualquer criatura que nos tenha ofendido. Porque estais em nós e convosco sentimo-nos abrigados.

Vós sois a Perfeição em todas as coisas, o Poder e a Força que nos capacita a trilhar o caminho certo.

E agora, Oh! Poderoso sublime-se o nosso ser com o Vosso Ser e permite que possamos partilhar de Vossa Glória, que partilhávamos no começo, antes de nascer o mundo.

Epístola aos Coríntios

A Hierarquia dos carismas. Hino à Caridade, por Paulo de Tarso. (Mestre Hilarion).

Aspirai aos dons mais altos. Aliás, passo a vos indicar um caminho que ultrapassa a todos.

Ainda que eu falasse as línguas dos homens e dos anjos,
Se eu não tivesse caridade,
Seria como o bronze que soa
Seria como ou címbalo que tine.
Ainda que eu tivesse o dom da profecia,
O conhecimento de todos os mistérios
E de toda a ciência,
Ainda que tivesse toda a fé,
A ponto de transportar montanhas,
Se não tivesse caridade, eu nada seria.
Ainda que eu distribuísse
Todos os meus bens aos famintos,
Ainda que entregasse
Meu corpo às chamas,
Se eu não tivesse caridade,
Isto nada me adiantaria.
A caridade é paciente,
A caridade é prestativa,
Não é invejosa, não se ostenta,

Não se incha de orgulho.
Nada faz de inconveniente,
Não procura seu próprio interesse,
Não se irrita, não guarda rancor.
Não se alegra com a injustiça,
Mas se regozija com a verdade.
Tudo desculpa tudo crê,
Tudo espera tudo suporta.
A caridade jamais passará.
Quanto às profecias, desaparecerão.
Quanto às línguas, cessarão.
Quanto à ciência, também desaparecerá.
Pois o nosso conhecimento é limitado,
E limitada é nossa profecia.
Mas, quando vier a perfeição,
O que é limitado desaparecerá.
Quando eu era criança,
Falava como criança,
Pensava como criança,
Raciocinava como criança.
Depois que me tornei homem,
Fiz desaparecer o que era próprio da criança.
Agora vemos em espelho
E de maneira confusa,
Mas, depois, veremos face a face.
Agora meu conhecimento é limitado,
Mas depois, conhecerei como sou conhecido.
Agora, portanto, permanecem fé,
esperança, caridade, estas três coisas.
A maior delas, porém, é a caridade.

João... João abra os teus olhos para o céu e veja as rodas que envolvem o Infinito; e sinta a linguagem do espaço, pois és um discípulo e tens que prevenir os homens da sua inconsciência. Abra os olhos e veja o que se pronuncia no espaço: Haverá fogo que irá queimar a carne humana.

(Mestre dos Mestres)

E dirá: onde estão os seus deuses nos quais tinham confiança?

(Cântico de Moisés: 37)

[...] e a PAZ nos receberá em meio às cinzas dos dias que passarão.

(Zastei)

Nove de setembro de 2001

Mis hijos, como dizem vocês, vivendo e aprendendo, e que bom que assim seja verdade.

Conhecemos perfeitamente vossas forças positivas e vossa boa vontade, e a inspiramos e incentivamos para que assim continuem. Esse é nosso estímulo a todos vocês para continuarem firmes à procura do vosso caminho real.

O verdadeiro amadurecimento é aquele que se dá com o tempo correto, seguido pela própria natureza do Ser de cada um, e assim não se corre o risco do apodrecimento ainda enquanto está verde. Mas assim como conhecemos vossas forças positivas, conhecemos vossas fraquezas e assim tentamos ajustar-vos ao vosso correspondente plano de estudo, refiro-me àquilo que ainda vos perturba ao realizardes estudos mais elevados.

O grande interesse que vos prende aos assuntos diários faz com que a divisão de vosso tempo de cada dia sirva em geral, às coisas corriqueiras da vida. Sei que vossa meticulosidade no desempenho dos afazeres diários não permite deixar algo de lado, para dedicar-vos a um trabalho mais nobre, qual seja a necessidade de atrair a necessária energia de paz para efetuar a mudança cármica de vosso mundo e no próprio ser e assim cedendo espaço para ouvir a vossa Presença Divina Eu sou. Vosso modo de pensar quanto a estas situações, bem como às situações mundiais ou de vossas vidas ainda requer grande mudança. Se quiserdes extrair da

Energia Divina o progresso espiritual e pacífico próprio e o de toda Humanidade, tereis de estar dispostos ao exercício do aprendizado. Uma determinada medida de tempo deve ser empreendida em vossa vida diária, pelas vossas ocupações e responsabilidades externas. Porém, a atividade mais importante para um discípulo da Luz é e será sempre um trabalho para todos em geral.

Nós vos observamos cuidadosamente, portanto, deveis dar mais atenção ao vosso tempo terráqueo, pois este foi predeterminado para tarefas mais importantes e não apenas para servir vossa própria vontade. Espero que estas palavras caiam em terreno fértil, este é o 'anelo' de vossos amigos da Luz, que desejam elevar-vos da consciência das massas, embora lastimavelmente, continueis arraigados aos acontecimentos externos. Elevai-vos acima dessa consciência medíocre, porquanto a vida vos foi dada com a finalidade de aperfeiçoar-vos a fim de expandir a Luz no mundo. A chispa Divina presente em vosso coração foi invocada pelos poderosos seres da Grande Luz do Universo, para uma nova atividade e o tempo está próximo para essa chispa expandir-se quando cada emanação de vida for o autêntico poder atuante transpassado pelo poder de seu Divino Eu Sou.

Amigos, o futuro não está distante, por este motivo muitas coisas devem ser mudadas. Queira as irradiações douradas acompanhar-vos, inundando-vos com a força da iluminação, para que vossa consciência se volte ao vosso Eu Superior e se abra à Vontade Divina que jaz em vós. Procurai sentir a poderosa corrente de energia cósmica que aflui a vós – é a força da vida dos raios solares, as sete chamas que se desenvolvem em vós agora.

Unidas estas forças poderosas formam as vibrações calmantes pacíficas e harmônicas, as quais a Humanidade necessita. Eis aí, meus diletos amigos, a tarefa que deveis executar, fazendo com que estas vibrações se transformem em algo útil, atraídas que são pelo vosso próprio irradiante Foco de Luz, que está presente em vossos corações. Assim, as pessoas que entrarem em contato convosco poderão absorvê-las, porque vós sereis de verdade um autêntico Foco de Luz.

Não é para isso que estais aqui? Portanto, a partir do ensinamento de hoje, acautelai-vos: Para tanto deveis purificar-vos mais, antes que o Plano Divino se concretize, enquanto vivenciam suas experiências, seus sonhos, seus ideais. Entrai em silêncio e penetrai na câmara secreta dos nossos corações, abastecendo-vos com as irradiações solares que estão sempre à vossa disposição. Concentrai-vos diariamente na luz solar que traz em si todas as virtudes e qualidades Divinas.

E quanto ao Templo, necessitamos de Focos de Luz individuais e coletivos na face da Terra. Como esse que por missão estão procurando formar. Quanto ao restante do grupo, as pessoas novatas ainda não estão preparadas para assimilar as poderosas irradiações solares que dispensamos a vocês no preparo. Portanto, vosso serviço prestado à vida é pôr à disposição dos homens o quanto puder os poderes da chama e uni-los às poderosas forças cósmicas.

Pergunto aos meus amados amigos, isto não é uma tarefa maravilhosa? Portanto não vale ser vivida?

Já vos conhecemos de longa data, acreditem, longas eras, e muitas vezes presenciamos com pesar vosso afastamento do caminho real. Conhecemos as ciladas nas quais vós e todos os homens tantas vezes sucumbem. Se bem que desejem e pensem atrair o bem. Como se iludem!

Amigos, nesta vida se processam as últimas tentativas para alcançar a ascensão, o grande e último esforço que vos conduzirá definitivamente à vitória final.

A oportunidade neste espaço-tempo foi dada a muitos filhos do homem, para novamente reencontrarem o caminho da Luz. Hoje existe muita liberdade do que em tempos idos. Mais e mais auxílio vos poderá ser ainda acrescentado por parte do mundo da Luz. Pois a vibração da Terra está se elevando, paulatinamente, e sua aceleração predispõe os corações humanos a se abrirem com mais facilidade para recebê-la. Percebam o aumento de vossos irmãos que chegam a este Foco de Luz, e a tendência é aumentar.

Bem... Fostes colocados na superfície da Terra na época atual porque pedistes ao Conselho Cármico e vosso plano divino irá mostrar-vos o extenso caminho, se obedientemente fizerdes a Vontade Divina e não ostentardes vosso eu-personalidade. Os Mestres da Sabedoria anunciaram em todas as épocas as leis da vida, contudo sempre foram poucos os que obedientemente as seguiram. Por este motivo estão aqui novamente, para reunir os discípulos sinceros e abnegados. Aqueles que em épocas passadas já nos acompanharam.

Os santuários do Reino Interno abriram seus portais aos não ascensionados filhos do homem para recrutá-los e com isso lhes dar a possibilidade de suprirem seus corpos inferiores com toda sabedoria de outros tempos, se fizerem com denodo os exercícios necessários para esta finalidade, isto é, divulgar os conhecimentos no mundo externo e concretizá-los. E vós discípulos, se assim agires ireis adquirir muitos conhecimentos que ainda não são acessíveis à vossa consciência. Mas algum dia vós ireis utilizá-los livremente, quando vossos corpos inferiores estiverem suficientemente espiritualizados, de modo a compreenderem a sabedoria antiga.

Eu sou um dos dirigentes da energia solar. Falo raramente aos discípulos, porém vossa Luz me atraiu e venho para reforçá-la sempre que me for possível, ensinando-vos a iluminar-se por métodos, digamos antigos de sabedoria. A sabedoria, amados, é nossa tarefa zelar e divulgar, deverá estar à vossa disposição agora mais do que antes. Para tanto é necessário manter a consciência elevada, esforçando-vos em conservá-la acima da vibração cotidiana, para que possamos entrar diretamente em contato convosco e transmitir estas instruções.

Por hoje é só. Deixo todos envolvidos na noite de hoje com um poderoso raio de Sabedoria e Iluminação, que faço com que desça em vossos corações incentivando vossa chama a iluminar-se e a se expandir cada vez mais.

Dentro de semelhante elevação de consciência tereis fácil acesso à verdade oculta. Repito, não meçais esforços para elevar vossas consciências e a da Humanidade, e creiais, sede envoltos com o manto protetor das irradiações do Templo do Sol. Muito trabalho está à vossa espera e o trabalho mútuo em nosso Foco de Luz transforma em bênção vosso mundo pessoal.

Deixai que esta vibração dourada atue em vós.

Com amor unido a vós, sou vosso amigo da Luz Solar.

(Kenich Ahan)

Festa dos anjos

25 de dezembro de 1993

A verdadeira alegria e a bem-aventurança no coração do ser humano não podem existir através de alegrias e dádivas externas, ela brota da profundeza de seu próprio interior e é alimentada pelo amor a toda vida. As alegrias da existência são suplementos que tornam a convivência das pessoas mais bela e feliz. Entretanto, a verdadeira felicidade provém de outras fontes, ligadas ao Mundo de Luz, e das quais tendes uma parte em vós.

Já que estais tão afetuosamente ligados aos nossos Reinos, reconhecendo nossa ajuda e continuando a pedir por ela, queremos proporcionar-vos uma benção de nosso mundo: Força acumulada na forma de todos os Sete Raios, do modo como existe no Espírito Santo, que agora dirigimos ao vosso coração...

Meu serviço para o Mundo é a irradiação do amor. Com inúmeras hostes de ajudantes esforçamo-nos por ancorar nos corações humanos o puro Amor Divino, que nada exige para si, mas se dá e se esvai, sem olhar para quem o recebe. Esta é nossa tarefa e, também, a vossa, alunos da Luz, que trabalhais com as Forças do Espírito Santo – a soma de todos os Raios.

Vossa Emanação de vida aspira à perfeição e quanto mais vos ligardes neste caminho conosco, vossos Amigos-Anjos, tanto mais fácil será vossa ascensão aos reinos superiores, que exige vossa força total.

Nós retiramos muitas pedras de vosso caminho e vos ajudamos a reconhecer onde deveis colocar vossos pés, dirigimos a inspiração à vossa consciência, o que facilitará vossa tomada de decisões e o domínio de vosso cotidiano – nós, vossos Amigos-Anjos!

Cada um de nós aspira a dirigir seus protegidos de maneira a poder dominar seu destino. Mas também sabeis que isso nem sempre nos é possível e que, às vezes, temos de permitir que possais colher vossas experiências e aprender com as mesmas. Nós, então, ficamos ao vosso lado e dirigimos força ao vosso coração, para mais facilmente poderdes superar tais decorrências em vossa vida.

Desta maneira somos vossos companheiros em todos os vossos caminhos e preenchemos vossa existência com Luz e calor, com todas as forças necessárias para vosso dia a dia e vosso progresso, até o cume da vida. Não esperamos gratidão por parte de nossos protegidos, mas certamente nos alegramos se virmos as nossas dádivas reconhecidas. Ficamos felizes por saberdes da nossa existência, aceitando nossa presença. Portanto, continuemos colaborando para o Bem na Terra, para a Luz a todos os acontecimentos, os quais vós partilhais a responsabilidade.

Nós dirigimos a benção dos Reinos Luminosos ao vosso Mundo, sempre de acordo com o que é necessário para o prosseguimento de vosso serviço.

Vossos amigos do mundo angelical.

Holocausto invisível

Estão caminhando sobre um tapete de absurdos e por baixo do mesmo asfixia-se a miséria pisoteada.

Agora se fala em COPA DO MUNDO, temperada com a antipolítica dos supostos falsos candidatos à Presidência, de um país classificado como TERRITÓRIO OCUPADO, portanto, longe de ser uma Nação, Pátria ou Estado, dominado por burguesias e empresários e já supercomprovado serem eles os patrões dos vereadores, prefeitos, governadores, deputados, senadores, ministros e até do próprio GOVERNO.

Essa enorme fauna de feras sem jaulas afirma, na sua grande maioria, estar praticando POLÍTICA, em nome da democracia mascarada, o que é uma imensa mentira.

Os empresários e banqueiros, por sua vez, estão subordinados às MULTINACIONAIS, que não são outra coisa além de Ordens Espúrias e sem pátria, apegadas exclusivamente ao PODER ECONÔMICO, constantemente promovendo duas espécies de guerras e genocídios criminosos. Agem ocultamente, são bem organizados e sua ação concreta é muito eficaz na sua indiferença ao ESPÍRITO DE RAÇA, ignorando as fronteiras do Mundo.

A PRIMEIRA GUERRA é a INDÚSTRIA BÉLICA, escancarada e pública, sem censura alguma e completamente liberada à imprensa, a fim de condicionar a Humanidade que "ninguém é irmão de ninguém", provando que a força de todos os CAÍNS mata, domina e escraviza o ABEL humano submisso, representado pela maioria da Humanidade.

A SEGUNDA GUERRA é a mais suja e cínica, porque se processa disfarçadamente, mantendo-se oculta. Ninguém sabe quem a promove e até os seus promotores são, às vezes, suas vítimas. É racial, religiosa, política, econômica. Os racistas, os religiosos e os políticos se envolvem no meio da mesma e se vendem como mercenários. As negociatas em todos os campos ignoram a ÉTICA e só reconhecem a desarmonia, infiltrando-se como uma peste contagiosa, gerando o ódio e absorvendo o sangue, para o programado LIMITE da POPULAÇÃO PLANETÁRIA.

Os desumanos querem a posse exclusiva do GLOBO e caso conseguissem o seu intento, terminariam se exterminando entre si, em múltiplas catervas de lobos famintos com forma humana, massacrando-se até a eliminação total dos Reinos Animal e Vegetal, possivelmente preservando-se apenas o MINERAL, seu ponto de apoio terra.

E assim como outros Planetas, este seria apenas mais um triste e desabitado 'cascão', remanescente de uma suposta civilização.

É uma agonia sufocante, um quadro trágico para um futuro ignorado pelos próprios sub-humanos, desnivelados DONOS DO PODER, dissimulados, misturando-se e interferindo entre as QUATRO ESPÉCIES da Humanidade da Face Terrestre.

Aliás, a participação dos sub-humanos que se verticalizam apenas fisicamente, atendendo à Lei da Evolução, trazem danosas consequências atávicas às suas ALMAS, completamente unidas ao reino animal (alma grupo), representando a ESPÉCIE HUMANA ainda no seu primeiro estágio. O atavismo animal exerce forte influência sobre sua ALMA e CORPO e, mesmo tendo direito ao seu MENTAL HUMANO, permanecem agarrados aos seus CINCO SENTIDOS, sendo que o SEXTO e o SÉTIMO tendem em desesperado silogismo, em terrível ódio ao raciocínio, à razão e à lógica, para uma impotente capacidade de captar SABEDORIA.

Mas este tema (atavismo animal), de grande importância em nossos estudos, voltará a ser abordado futuramente. Voltemos então à SEGUNDA GUERRA, promovida pelos supostos DONOS DO MUNDO.

Ela é ocultamente esquematizada, contando, inclusive, com as "FORÇAS DE PAZ" da ONU, em que o prestígio dos inumanos é superior ao dos Humanos. Impõem o seu PODER sobre os seus PARES daquela Organização; interferem e instigam as chamadas "Guerras Santas", fanatizando e incentivando o terror de deuses assassinos.

Eles estão em toda a parte, em todas as organizações e serviços públicos, incentivando um desconforto geral, que culmina com a fome e a inversão moral de grande parte do POVO que, na sua luta pela sobrevivência se corrompe, gerando ladrões, traficantes e assassinos.

As QUATRO RAÇAS (Branca, Negra, Amarela e Vermelha) não se entendem, ignorando ser a UNIÃO a base sólida da sobrevivência humana.

Eis uma breve síntese, um esboço, das reais pretensões dos sub-humanos. É fácil de observar, em determinadas regiões da Terra, a total DESESTATIZAÇÃO de muitos países. Foi por esse motivo que inventaram um "Terceiro Mundo" retroativo; e isso ocorre atualmente no Brasil e em toda a América do Sul. Observe-se a falência dos Sistemas de SAÚDE, fechando hospitais, o descrédito do ENSINO, da JUSTIÇA, do LEGISLATIVO, do EXECUTIVO; a passividade das FORÇAS ARMADAS, a corrupção geral e, principalmente, policial.

Onde existe uma ameaça de greve, imediatamente os profissionais do tumulto se apresentam, infiltram-se e promovem discórdias saturadas com ódio e violência. O Poder Econômico retém os estoques de alimentos até o seu apodrecimento, e a FOME no país é uma das maiores do Mundo. Não exportam, não distribuem e não dão; preferem que o POVO morra de fome.

É ou não é uma GUERRA SUJA? Suja e profundamente desumana, promovida pela ambição criminosa de governos vendidos.

Este relatório, de Polo Noel Atan e Devise, solicitado por Zastei, com ampla liberdade de opinião, é CRU e SECO e foi liberado para a ORDEM INTERNA. Polo deu-lhe o nome de HOLOCAUSTO INVISÍVEL, mas Devise assim se manifestou:

> – *Isso já ocorreu várias vezes sobre este sofrido Planeta Terra, principalmente na sua FACE, e também na de outros Planetas do Sistema Solar. Mas, agora tem de ser diferente, pois este Ciclo de Dez Mil Anos da Humanidade é o último... É a Lei da Evolução e os Quatro Reinos da natureza, atualmente com mais de cinco bilhões de Seres Humanos, já desintegrou átomos suficientes para a EVOLUÇÃO PLANETÁRIA. O Homem está pronto e apto à sua QUADRATURA, se integrando ao REINO HOMINAL.*

Polo classificou este Relatório de Holocausto Invisível, mas EU, Devise, diria que tanto para a guerra escancarada como para a outra, ele é cru e seco, agora liberado por Zastei.

Mas, tanto a Grande Fraternidade Branca quanto as Espaciais insistem em nos advertir: NUNCA DUVIDEM DA FORÇA DA PAZ...

ELA É A VIDA DA VIDA, VIBRANDO NOS QUATRO REINOS. Os desígnios dessa FORÇA agora são LEIS que terão de ser cumpridas. As máscaras caem, os sub-humanos se identificam e, no seu desacerto, ruminando sua usura, trucidam-se mutuamente; é o começo da GRANDE REFORMA, eliminando sua desagradável presença.

Estes sub-humanos são uma ínfima minoria, agindo nos esgotos dos seus sonhos mal sonhados, reduzidos aos tristes pesadelos onde eles se transformam nas principais vítimas, pois deverão ser dizimados e desintegrados rumo ao CAOS, eliminando seus Corpos e suas Almas, matéria atômica exclusivamente planetária.

Caem os falsos "SUPER-REINOS", se esfacelando em intenso abismo de trevas, e os seus átomos, sugados pelo CAOS, vão para o Quarto Estado da Matéria, à espera de uma reciclagem justa e limpa e, junto desaparecem as máscaras e os mascarados corruptos, os ilusórios reis e rainhas podres dentro de suas ricas vestimentas, destruídas e em farrapos, rosnando sua exótica nobreza.

A fome dos falsos "NOBRES" será igual à dos miseráveis agonizantes de hoje. Ambos morrem de fome com os mesmos estertores, a mesma agonia... Vai faltar alimentos, e o PÃO, que deveria ser a grande COMUNHÃO DA HUMANIDADE, vai valer mais que todo o ouro deste inútil e ridículo "PRIMEIRO MUNDO".

A COMUNHÃO da imensa UNIÃO está reservada aos Quadrimensionados, porque na REFORMA, os intransigentes animais racionais serão EXPURGADOS... São eles que assim decidem; de nada adiantará o excesso de pânico, se continuar presos aos cabrestos de um domínio errôneo, insistindo com sua indiferença ao seu MENTAL, ao seu EU REAL, negando as bases da SABEDORIA da VERDADE e da LIBERDADE emanada pela sua própria CONSCIÊNCIA.

As fronteiras dos países irão se transformar em frágeis muros, desmoronando ao leve sopro da GRANDE REFORMA que já começou.

"Isso será o início do começo ou início do fim?".

Termo final:

Não podemos confundir a GRANDE REFORMA com uma HUMANIDADE REFORMADA. A primeira será a extinção dos inúmeros sistemas arcaicos no Comércio, na Indústria, na Religião, na Política, na Economia, etc. Parte da Humanidade irá desaparecer e por isso, no seu seio, não haverá REFORMA e seria mais correta a referência a uma REVOLUÇÃO TOTAL.

Mas o termo "Revolução" nos dá a impressão de sangue, deturpado que foi pela REVOLUÇÃO FRANCESA. Essa mesma Humanidade, em grande parte, não aceitaria sua parcela de ELEMENTOS REFORMADOS, mas concordaria em se submeter parcialmente a determinadas REFORMAS DOS SISTEMAS, motivo da nossa AÇÃO ter sido iniciada sob o signo da GRANDE REFORMA, com o objetivo de se implantar a FORÇA DA PAZ, da qual quase todos são discordantes. Mas, na realidade, a PAZ só será implantada com a FORÇA da sua própria RECOMPOSIÇÃO DA CONSCIÊNCIA PLANETÁRIA.

(Polo Noel Atan)
30 de maio de 1994.

Líder do Amanhã

Setembro/1994

Para governar um país, o líder tem de ser mais que um simples homem de bem, tem de honrar antes de tudo ser filho de Deus, em seguida honrar o sangue azul, verde, amarelo, branco e carregar no peito o AMOR pela ORDEM E PROGRESSO.

O Líder do amanhã deverá deixar a ideologia, pois é justamente por causa ou em nome dela que o homem cria a guerra ideológica, e consequentemente cria enorme confusão e falta de integridade. Em um líder esta ocorrência é fatal, e a prova está bem diante de nossos olhos, tanto em nosso país, quanto em outros, e não percebendo isso procura resolver os problemas causando guerra em variados níveis, entre eles em nível econômico, entre os próprios partidos e sem falar do conflito de homem com homem, e de político e povo.

E esta guerra existirá sempre enquanto houver governos e fronteiras soberanas, pois como é possível haver boa vontade por parte de um todo enquanto um líder e governantes estiverem apegados a dogmas, seja de religião, seja nacionalista, seja com determinadas ideologias amparadas por armas que não têm nada a ver com a harmonia e a paz, menos ainda com o amor e respeito? E enquanto esses homens da História não perceberem estas coisas como um obstáculo e não compreenderem a falsidade intencionalmente cultivada, não haverá um país na face da Terra isento de conflitos e de confusões, pelo contrário, dentro deste prisma tudo que disseres e fizeres estará contribuindo diretamente para a guerra continuar presente, viva e ativa entre nós.

Outro ponto a que um líder deve atentar refere-se à forma que ele permite que aconteçam divisões de classes e raças, pois essa é uma das grandes causas da destruição do próprio homem.

Outra ideia errônea é buscar segurança psicológica acreditando que esta criará uma sociedade aquisitiva, porém as necessidades do povo nunca serão organizadas de maneira sadia e eficaz, pois a eficaz organização das necessidades humanas está na própria função da evolução técnica, isso é, o que o homem acredita, e enquanto se servirem dos conhecimentos técnicos para promoção do país, com toda certeza as necessidades do povo não serão organizadas.

Embora haja conhecimentos científicos e técnicos suficientes para alimentar, vestir e dar casa ao povo falta, no entanto, uso apropriado desses conhecimentos, porquanto há nacionalidades separativas com governos e fronteiras soberanas, que por sua vez suscitam as lutas de classes e raças. Sendo assim, o uso inapropriado desses conhecimentos responde pela disseminação do conflito em uma nação.

Enquanto fordes um indivíduo nacionalista e patriota ou um líder apegado à ideologia política e social, o muito que poderá ser, um líder responsável por muita confusão e até mesmo pela guerra em muitos sentidos.

O Líder de amanhã deve ter como principal característica a simplicidade e a clareza, a visão e a consciência ampla e não medir esforços para realizar o grande trabalho de transformação primeiramente em si próprio, expandindo o convite a todos os envolvidos, governos e povos.

Mas, por mais que sejam estas ideias importantes creio que a característica mais importante para um líder, assim também para toda a Humanidade, em primeiro plano e medida a ser tomada, seja desenvolver a verdadeira capacidade de amar, pois é da falta de amar que nascem situações caóticas e a vida de um planeta e de um país torna-se desprezada, sem o verdadeiro alimento. Assim também as forças da paz precisam ser aplicadas de todas as maneiras possíveis.

Portanto, Líder de amanhã, escutai vosso interior e deixai o cotidiano de fora. Repousai no silêncio do vosso verdadeiro EU e assim sempre reconhecereis os próximos degraus. O caminho como líder de um país exige a simplicidade da vida. Simples e claro deve ser vosso ser e a condução de vossa vida, não necessitais de exercícios misteriosos nem de alocuções pessoais, se praticardes pureza e verdade no pensar e agir e se vos esforçardes para tratar vosso próximo com amor e sinceridade.

Líder de amanhã, portanto com essa cara, a cada instante a luz que há em vós tornar-se-á mais brilhante, pois assim sereis um líder consciente que leva este nome com dignidade, para um trabalho em conjunto com todos os que tenham afinidade convosco.

Bom, ao menos é esta trajetória que deveria seguir um verdadeiro investidor do progresso de uma nação, ao mesmo tempo em que se prepara para entrar em contato com o grau hierárquico não somente de líder de uma nação, este caminho o capacitará a crescer acima do usual plano de consciência humana e o ajudará a ingressar em um verdadeiro Reino de

Luz para liderar em constância una com o amor, a sabedoria, a simplicidade e a prudência.

É ainda lícito lembrar que não basta falar de reforma política se nossas mentes e corações continuarem embotados, pois não adianta agir simplesmente sem compreensão da verdadeira situação, pois não havendo enriquecimento na reforma, tampouco haverá liberdade e igualdade. É preciso pensar seriamente nisso.

Precisamos nos conscientizar que buscamos, seja em que sentido for, estar sempre no presente e um dos caminhos a ser percorrido é que todas as experiências de ontem, reagindo ao presente, estão criando o futuro, então há necessidade de nos desprendermos do passado e das preocupações do futuro e vivermos trabalhando no presente, o que podemos fazer hoje para melhorar.

Esta questão de se conscientizar, não tem somente a ver com o líder e governantes e sim com um todo. É necessário nos conscientizarmos que assumir também nossa parte de responsabilidade não é tão pavoroso, muito ao contrário, assumir a responsabilidade é ter o direito de mudar tudo aquilo que não está bom.

Percebeis o quanto é importante cada ser assumir sua parte de responsabilidade aqui neste planeta, neste país, ou seja, nesta vida, ou melhor, ainda, em vossa vida. Podeis perceber, enquanto nós não assumirmos nossa responsabilidade perante a vida nada caminha porque outros comandam e por isso não nos satisfazemos, estamos sempre descontentes com as atitudes deles e nos sentindo frustrados e iludidos na velha história: *Ah, se eu estivesse ali no lugar dele faria isto ou aquilo*, e realmente não é por aí que a coisa funciona.

Um líder é tanto quanto qualquer um de nós, que aceita uma incumbência neste mundo, particularmente neste país, e recebemos juntos as possibilidades de trabalharmos para a evolução de todo o planeta e este é o verdadeiro caminho de todos nós, seja em uma posição de líder ou de coletor de lixo a questão é: somos todos colaboradores importantes no plano terreno.

É uma benção estarmos aqui, neste presente "momentum" com as possibilidades de fazermos as mudanças necessárias a fim de desfrutarmos de um mundo melhor amanhã. Mas terá de ser dentro de uma ação recíproca, não somente falar de mudanças ou falar daquilo que se pretende fazer, mas reconhecer que somos seres de boa vontade e ativos nos trabalhos necessários que possibilitem a vida na Nova Era, em que veremos o efeito de todo o nosso trabalho.

E assim Líder de amanhã, ou melhor, todos nós vamos renovar a promessa de sermos os colaboradores a trabalhar para o aprimoramento e evolução da vida desta ESTRELA TERRA BRASIL.

Fraternidade Branca

Setembro/1994

Alunos da Luz, nós vos saudamos com a Luz e o Amor de nossos corações.

Não desejo que pensem que nossos encontros sejam apenas imaginação, mas sim uma realidade positiva. Desejamos que no dia de hoje vocês comecem a sintonizar suas próprias Energias Cósmicas, a fim de vislumbrar o mundo dentro de cada um; o seu próprio mundo, que não pode ser conquistado por ninguém, a não ser por vocês mesmos.

Amados, eliminem os conflitos que possam surgir em consequência das nossas palavras, procurem entender que não estamos forçando ou condicionando ninguém. Nosso objetivo é apenas clarear suas mentes para que cada um possa ver a si mesmo, sem individualismo, mas dentro da Verdade e da Razão da nossa presença diante do Universo. É ele que os espera e que os aguarda.

Queremos mostrar que para tudo e todos os momentos de suas vidas em nenhum ponto, o desespero nada pode resolver dentro do mundo de cada um.

E sim o que queremos lhes mostrar através das próprias experiências de seus próprios conflitos é que o Grande Caminho para tudo é a Paz de Espírito, em que paira o Amor que deve ser expandido a todos os seus semelhantes.

Amados, onde houver Unidade Fraternal, a vida passa a ser motivo justo porque a sinceridade pura sempre proporciona a exemplificação de um renascimento cheio de esplendor. É quando somos nós próprios, que somos transportados para os mundos designados pela Mente Superior, é quando a vida continua, é quando a vida é sempre vida.

Se nós somos essência, estamos nos elevando ao espaço para nos unir a uma Força Maior que a nossa. Estaremos então regressando ao nosso ponto de partida, principiando na força uma ampliação maior para coisas maiores. Se não houver Fraternidade dentro de nossos espíritos, devemos reagir e procurar a nossa sintonia.

Talvez vocês encarem a mais esta comunicação tal qual mais uma passagem e mensagem, mas não cremos nisso e não aceitamos assim, porque sentimos que estamos diante de seres cheios de Força e Energia que não se dobram diante dos problemas surgidos em consequência de frequências negativas: é assim que preferimos olhar vocês, é assim que emitimos a vocês novas forças e coragem para continuarem.

É assim que devem se olhar, como o Ser de Luz que são. Olhem as grandes planícies, para os campos, e procurem ver por meio deles o desenvolvimento de suas próprias vidas.

Porque o fruto de hoje é o fruto de amanhã, e tudo está dentro de uma só frequência. Amados, o símbolo da Paz está dentro do Espírito da Juventude – do Espírito desejoso de Renovação. Não esmoreçam, pois é com todos vocês que estamos contando para continuar nosso trabalho Luz em vosso Planeta Terra.

No dia de hoje convidamos vocês para trilhar o Atalho da Paz definitivamente, pois acreditamos que a Paz seja a sintonia que interliga o Todo. Assim também, neste momento a minha Paz é a sintonia que interliga o meu pensamento no outro pensamento, porque é a frequência de dois Princípios: Amizade e Fraternidade.

Procurem construir seus próprios caminhos à procura de conhecimentos, pois essa procura em muitos caminhos, essa insatisfação constante é consequência da falta de apoio. Como no momento estamos evitando nos comunicar com ideias ou palavras que possam provocar reações, enquanto ocorre em outras partes o contrário, gerando a guerra nos corações.

Mas o nosso princípio é a Paz e a fórmula de tudo para nós é o amor que tem de ser definido como um Princípio que rege todo o Plano de Evolução do Homem. Essa definição não significa dizer que somos frios e sem sensibilidade, somente não admitimos o viciar da mística em torno das nossas Plataformas de Seres Espaciais.

Atualmente, o Homem atravessa uma fase muito difícil e triste, motivada pela incompreensão de todas as Nações dessa face terrestre. E são os jovens que mais sofrem as consequências dessas mentes alteradas pela crueldade e pela ambição de destruição e de conquista.

Não temos intenção de mudar os seus pensamentos, mas acreditamos nas boas vibrações da sensibilidade humana, capacitada em abrir uma ala de força com o objetivo de estabelecer a compreensão e o entendimento para vossa juventude que tem de avançar.

O que queremos dizer é que na realidade deve haver mais fraternidade por toda parte dos irmãos mais velhos, apoiando os mais jovens, que ainda não conquistaram os mesmos alicerces e não têm culpa de terem vindo em uma época tão cheia de conflitos.

E o convite que lhes fazemos: é de seu desejo firmar e limpar uma trilha para seus irmãos mais novos? Falamos sobre este assunto porque haverá neste mundo de vocês ou face terrestre inúmeros acontecimentos e a nossa tarefa é auxiliar e socorrer os jovens, para que o seu planeta continue a buscar a sua ascensão; sobre isso falaremos em outras oportunidades.

Amados, não estamos aqui entre vocês para mudar regimes de estados, estamos nos comunicando, transmitindo ideias e imagens às suas mentes, com o objetivo de criar condição de comunicação e não apenas de criar altos conhecimentos intelectuais, cuja erudição atingiria exclusivamente a uma faixa humana: não é essa a razão de nossa comunicação.

Bem, e para que continue havendo a comunicação entre nós, tem de haver o preparo, e tem de existir a necessidade de aceitação. O principal é criarmos condição de comunicação, mas isso somente quem nos aceita adquire a capacidade de nos captar.

Eis a razão porque nossas mensagens têm de ser acessíveis a todos os ambientes. Mesmo que estes sejam mal empregados, estamos em todos os ambientes como Elemento Comunicativo, atingindo várias faixas mentais de seres humanos.

A diversificação de Elementos Comunicativos é muito grande variando em símbolos, palavras, sons musicais, cores, formas, escritas, enfim em inúmeras maneiras, nas artes, nas ciências por onde o Homem capta e se comunica com seus irmãos.

Sabemos que existem muitas consciências sintonizadas dentro de uma fabulosa área de força chamada Verdade, embora existam frequências contrárias, cujo resultado é a dúvida perturbando as mentes, como é fácil observar. Não estamos julgando nem analisando os seres humanos, somos práticos e objetivos, dando-lhes fórmulas, proporcionando-lhes um estado de espírito para que possa ser estabelecido o contato com seres de outros planetas.

Quando a mente está livre, liberta das frequências terrestres, surpreende-se em contato com seres de outros planetas. Deixa de existir distância, permitindo que a mente humana penetre em elevadas áreas de vibração, atingindo ambientes onde lhes são dadas as melhores coisas de sua vida, tal qual o que está acontecendo neste momento de comunicação.

Gostaríamos que não fossem criadas barreiras que trariam futuros aborrecimentos, evitando-se as classificações ou qualquer distinção pessoal em consequência dos nossos contatos. Se nós indistintamente os classificamos como nossos "Irmãos", achamos lógico e justo que vocês fizessem o mesmo, não só conosco, mas também entre vocês.

É como irmão que lhes falo. Sei que muitos que estão recebendo estas palavras nada sentirão, ao passo que outros penetrarão além das nossas expressões. Tudo é uma questão de sintonia, que é mais fácil ser sentida do que explicada. A única maneira de se doar ao semelhante é liberar uma frequência – não para que ele passe somente com suas pernas, mas para que ele passe e nos sinta com sua mente, sua alma.

Limitamo-nos ao terreno das comunicações, sem a pretensão de alterar seus ritmos de vida, mas com um grande anseio de lhes proporcionar a consciência de como sua vida é importante para vocês, em todos os sentidos, dimensões e momentos de suas vibrações.

Esse é o grande motivo porque o ser humano deve sempre com mais intensidade procurar externar seus sentimentos, falando de si para si e para os outros e sentindo o sentimento dos outros, o que tem para externar de si. Isso tudo, é claro, dentro de um espírito de compreensão e de uma razão equilibrada para que a consciência da comunicação não seja deturpada.

Amados, essa é a única maneira que os levará à Paz, porque quem transmite as próprias mensagens oriundas de seu próprio interior estabelece sintonia harmoniosa desde que seja sincero e leal, a fim de proporcionar perfeita recepção em toda parte do seu próprio mundo. Portanto, o que queremos transmitir com o exemplo da comunicação é que se entrelacem, comuniquem-se vocês próprios e com o Todo, para que compreendam o que vem a ser **"Um por Todos e Todos por um"**.

O Homem deveria partir do seguinte princípio: sem primeiramente adquirir a capacidade de se comunicar, o excesso de conhecimento deveria ser evitado. A intelectualização estagnada provoca explosões e intolerância danosas, cujo fanatismo é o motivo de regresso da sua própria solidão à muralha intransponível de se fazer compreender a razão, além da própria razão distorcida.

Todos os seres da face da Terra possuem sua capacidade de compreensão. O que tencionamos evitar é que nossas palavras se limitem a um determinado grupo. Queremos a participação de todos com Igualdade e Fraternidade, para que essa mensagem não seja vista com desinteresse.

Esse é o nosso objetivo: Trabalhar e auxiliar todos vocês que desejam liberdade mental. A liberdade da mente é o campo de expansão de transmissão onde são estabelecidas as fórmulas de evolução que atingem o centro do sexto sentido.

Pedimos a todos que acompanhem nossas comunicações de expansão a um centro maior sob a forma de ondas ou forças eletromagnéticas que se constituem na telepatia.

Caminhando sobre esse plano terão mais confiança sem seus sentimentos. A ideia não é somente desenvolver um contato entre nós e sim desenvolver um contato conosco próprios e uns com os outros, ou seja, o contato entre irmãos que todos somos.

Amados, esperamos que tenha ficado claro dentro do que procuramos expressar dessa comunicação.

Que o Universo seja seu espelho para que possam se mirar, que as Estrelas sejam o poema de suas vidas para que possam se inspirar e se expressar nos seus cantos de Luz e Paz.

Luz e Paz damos para todos! Paz – Paz – Paz

KenichAhan

Dezembro/1995

Saudações aos vossos corações, no gesto Luz Universal! Almas irmãs!

A força da minha Paz se sobrepõe a todas as forças discordantes.

A Paz é o elemento desintegrador da desarmonia...

No meu silêncio emano Paz!

Onde eu estou emano Paz e assim a discórdia se dissolve, uma vez que não pode resistir à Força de Luz-Amor.

Em harmonia com a Lei do amor a Paz.

A Clareza, a Pureza, a Paz, a Harmonia e o Amor a toda vida são a base do caminho de todos os alunos. É assim que nasce a Força da Iluminação, a Luz Sublime, que algum dia coroará todos os esforços dos alunos.

Entretanto, tudo isso deverá ser obtido por cada um de vós. Se estiverdes abertos, sempre mergulharemos as necessárias forças de luz em vossos corações.

Elas apoiam vossos esforços, no entanto, as puras virtudes deverão ser desenvolvidas por vós próprios, incluindo-as em vossas vidas, em todo o vosso cotidiano, nas relações com o próximo, em vosso trabalho para o mundo.

A necessidade dessas forças torna-se gigantesca na Terra. As pessoas desaprenderam a ser claras e verdadeiras. Escondem sua falta de virtude e colocam intrigas e astúcia no lugar da pura Verdade, enganam seu próximo com palavras e ações.

Essa conduta das pessoas torna-se tão comum que deverão chegar Poderosas Ondas Purificadoras de luz para varrer tudo isso.

Todas as pessoas que não querem se modificar terão de se afastar do Planeta Terra. Antigas profecias dão-nos conta do Julgamento Divino e é assim que pode ser designado aquilo que atingir a Humanidade – a poderosa onda de Purificação que afastará as sombras. É isso, amados discípulos, que preparais por meio de vosso trabalho dirigido de purificação e afastamento do mal na Terra.

Tudo isso contribui para que as poderosas ondas que alcançarão a Terra possam decorrer com suavidade, e ainda muitas pessoas possam atingir o Caminho da Luz.

Essas poderosas ondas de purificação vós também colocais em movimento em vossos serviços, onde quer que seja. Eles poderão ser cada vez mais reforçados por todos aqueles que dirigem a irradiação violeta.

Preparai-vos amados, sede os ajudantes amoráveis, purificando a vós mesmos e então vosso mundo, que ainda muita coisa que tereis de suavizar entrará em vosso mundo. Sede o bom samaritano para todos os que cruzarem seu caminho, sede os amoráveis ajudantes que socorrem os perturbados quando não souberem o que estiver acontecendo.

Esses são os nossos pedidos a vós, amados. Já vos repetimos muitas vezes e estamos convencidos de que sabereis dominar vossas tarefas e tudo que chegar ao vosso caminho, ajudando-vos a atingir a Perfeição.

Então, não percais tempo em julgar, criticar e aproveitem as muitas oportunidades que vos farão crescer além de vós mesmos. Constatareis atônitos, o que podeis realizar, quando prestardes mais atenção ao vosso interior, frente aos acontecimentos que hora vos circundam.

Então, sedes abertos para as forças da Luz que vos auxiliarão. Ligai-vos aos elevados reinos de Luz; exercitai isso desde já, para que a torrente continue fluindo, elevando-vos e reforçando vossas energias.

Isso, ó amados, esperamos de vós e somos sempre ajudantes amoráveis e amigos. E assim sendo, estas lições que ora recebestes é para vos elevar a uma nova dimensão e proporcionará Equilíbrio e Paz ao encontrardes com Vossa Verdade. Pois, amados, exemplificai-vos nestas minhas palavras e vede como deveis usar todos os ensinamentos.

Bem-amados... Olhai para os outros, olhai vós mesmos que estais nos ouvindo, mas olhai para dentro do vosso próprio EU. Vós que nos compreendestes, ajudai o desenvolvimento das minhas palavras.

Volvei vossas mentes para esses dias futuros, para os dias que antecederão novos ensinamentos dentro de uma ramificação escolástica escolhida por vós próprios. Olhai dentro desses ensinamentos, olhai para dentro de vós mesmos e usai de toda sinceridade convosco.

Que proveito houve a não ser o de uma ansiedade de conquista neste plano maior? Sejamos sensatos como homens do plano terrestre, os anos passaram, mais um vai passar, se continuardes tão-somente na ansiedade de conquistar um lugar superior... Preste atenção no significado destas nossas palavras.

Vamos colher no próximo ano, mas para colher é necessário semear dentro de vós aquilo que vos transmitimos. É a grande semente fértil e sábia porque é a "Sabedoria" que temos semeada em vós – Se não está – preparai um terreno dentro de vós mesmos. Pois nós continuaremos a semear a cada segundo de vossas vidas, de todas as formas.

E lembrem-se, não faremos questão de cor, de classes, nem de mantos brilhantes que ofuscam os olhos daqueles que veem. Nada disso importa, quando dentro de vós, no fundo de vossas almas, há o brilho que vos liga não somente com a Grande Fraternidade Branca, mas sim com o Todo. O que vale realmente é vossa mente compreensiva de Ser Humano, e que estejais aptos de alma e espírito.

Bem-amados... Agora vos deixo para que meditem, conversem entre si. Olhai uns para os outros, e vereis o refletir das luzes ou sombras e não tereis como vos enganar. Então, ordenai em nome da Presença Divina EU SOU –" Faça-se a Luz", e a Luz se fará.

Amai-vos uns aos outros em um abraço fraterno e silencioso. Amai, abençoai e agradecei todas as dádivas deste ano e preparei-vos para o próximo para continuarmos a semear. Pois a Luz da Verdade é uma elevada vibração que gostamos de vos transmitir sempre.

Pois vos abençoamos com a Luz da Verdade, iluminando vossos caminhos, vos abençoamos com a Luz Dourada para vos dar Sabedoria. Vos abençoamos com a Luz Azul para vos dar Força e Vontade Divina, vos abençoamos com a Luz Rosa e Ouro-Rubi para vos dar Paz e Amor, vos abençoamos com a Luz Branca e Violeta para vos ascensionar na Luz Maior.

Que Deus Pai-Mãe e o Divino Espírito Santo
vos abençoem!

EU SOU: sustentação do Mestre Kuthumi e
Mestre Gautama, na Luz Branca do Mestre Seraphis Bey.
(*dezembro/95*)

Mensagem: 29/06/99

Aqueles discípulos que se consideram sob nossa orientação deverão atuar dentro de um pequeno círculo de pessoas altamente interessadas, aumentando gradativamente o número delas, sem forçar, sem exigir a presença dos mesmos, deixando que se apresente espontaneamente, isto é, quando a semente do desejo por conhecimento mais profundo estiver em condições de germinar para dar seus frutos.

Assim evita-se o 'fogo de palha' tão comum entre os terráqueos. Pois, dado estudo requer grande perseverança e provações. Aquilo que durante os primeiros anos da Era Cristã foi realizado por alguns apóstolos, hoje deve ser divulgado por meio de muitos canais competentes, extraindo-se a essência dos ensinamentos dos Mestres de outrora, para preparar a Humanidade na hora da mudança Cósmica prevista para a Terra, quando este planeta irá entrar em outra frequência vibratória, bem mais acelerada, com mais Luz. E se nós reconhecermos nossa tarefa e aproveitarmos o tempo que ainda nos possibilita, de forma consciente, aperfeiçoar as nossas faculdades, ampliarmos os nossos conhecimentos, para que sejamos os exemplos perfeitos da Harmonia, da União e do Amor. Portanto, quando o caos e a confusão se manifestarem na face da Terra ou em nossas vidas... Confiemos em Deus e em nós mesmos.

EU SOU na Luz!
Onde estou existe Luz.

A LIBERDADE DE CADA UM

PREVISÕES E MENSAGEM DO CICLO 2000 EM DIANTE

Sabe-se que uma Era termina para dar lugar a outra. A transição se efetua na interligação daquela que vem dentro da que vai sair. Ainda permanece a Era de Peixes, captando o princípio de Aquário. Pela Grande Fraternidade Branca o Ano Gregoriano 1991 é, na verdade, o ciclo 2.054 da Era Cristã. Eis que a Humanidade, sem dúvida, comemora o princípio do Terceiro Milênio. Como o ano 2000, que será uma época saturada de trágicas profecias de fim do mundo e talvez algumas previsões de um futuro melhor. Atualmente, principalmente no Ocidente prevalece o calendário gregoriano. Pela Grande Fraternidade Branca, a contagem obedece ao termo de ciclos, naturalmente significando o círculo terrestre em torno do Sol. Na verdade, no ano 2000 gregoriano, a Grande Fraternidade Branca marcou o ciclo 2.063. Nunca é possível uma previsão de resultados referentes a cada plano dos terrestres da face planetária, mas sempre a maior e grande reação se manifesta nos Humanos.

O ciclo 2.063 – Grande Fraternidade Branca – é a qualidade plenamente reconhecida das Unidades Duplas, testemunhando o aspecto Quaternário e Ternário do Ser Humano e Septenário no seu sentido evolutivo.

O ser humano existe na face planetária pela fusão dos Três Reinos da Natureza: Mineral + Vegetal + Animal, até aqui apenas reconhecidos pela fusão ternária da manifestação Corpo + Alma + Espírito, concretamente produzidos planetariamente, como Elementos pertencentes à Natureza do seu respectivo planeta. A mente dá ao ser humano a sua evolução quaternária, independentemente do concreto produzido pela Natureza.

O Humano pensa e absorve consciência sem necessitar do concretismo planetário. Ao atingir esse nível, além dos seus cinco sentidos instintivos e concretos, ele desenvolve o sexto e o sétimo sentidos, reequilibrando-se de forma quaternária. É quando cada um reconhece que o Homem é Mente.

Dois Mil anos depois de Cristo, para a Humanidade, em sua grande parte, vai se formar uma grande egrégora psíquica e como já dissemos, com uma enorme quantidade de previsões ou profecias, algumas positivas, outras negativas.

Aquários, almas irmãs, já estará estabelecido e adentrando com sua forma mais definida, permitindo que Peixes, Era Crística, viva, se manifeste mentalmente em parte da Humanidade proporcionando o devido reconhecimento de cada um em si mesmo, não como animal racional, mas sim na condição de participante do quarto Reino Hominal aqui e além do Infinito Cósmico.

Para o Planeta Terra isto significa o Planeta Terra original em seu caminho de crescimento. Vocês estão vivendo o que se pode classificar de última fase da adolescência do planeta. A Terra caminha para sua fase adulta. Assumindo seu lugar na comunidade cósmica de planetas positivos. Por isso as mudanças ainda estão acontecendo e junto a elas a frequência vibratória da Terra está se elevando. Sendo assim, a consciência individual de cada um também está se elevando, de acordo com a sua liberdade de escolha.

Quando a Humanidade atingir certo ponto, vocês experimentarão um senso transformacional de separação do planeta de transição e vão se tornar totalmente conscientes acerca da Quarta Dimensão do planeta.

Mesmo que esse processo seja menos destruidor e cataclísmico do que as previsões iniciais têm apresentado para os últimos dias, haverá uma série de acontecimentos geográficos dramáticos. A consciência do ser humano a respeito da Terra será integrada à Consciência Planetária. Portanto, creiam. Muitas maravilhas os aguardam. Estamos ansiosos para falar e vivenciá-las com vocês.

Em suas vidas diárias vocês já estão sentindo a separação violenta. Vocês estão atravessando faixas de baixa vibração que muitas vezes provocam a sensação de cansaço e sobrecarga. Mas são faixas necessárias. Se bem que, quando as faixas altas os elevam, permitem que sintam a Verdade de seus corações.

Acreditem, filhos, vocês são ilimitados! Podem voar! Nunca morrerão! Por isso precisam obedecer ao chamado de sua própria natureza e avançar ao encontro da vibração e dos centros de Luz e assim criar, da melhor maneira possível, o equilíbrio e a harmonia.

Vocês precisam sair dos campos mais densos e buscar meios de adentrar à vibração mais alta, é claro, adaptando ao seu modo de vida, assim estarão acompanhando a alta vibração do planeta.

Lembrem-se, vocês têm necessidades humanas e precisam dar atenção às atividades da vida no mundo cotidiano.

É como se vocês estivessem sendo puxados em duas ou mais direções ao mesmo tempo. Isso faz parte de todo o processo, para que tomem suas decisões, pois como sempre souberam... As respostas estão dentro de vocês.

Vocês podem tudo o que quiserem dentro de vossas escolhas; podem ascensionar, podem descer ou tentar continuar a se manter onde quer que estejam, seja em que sentido for, fisicamente, conscientemente, materialmente ou espiritualmente. Mais uma vez repito: as respostas estão dentro de vocês.

O atravessar rotas dimensionais ou passar os portais dimensionais está em suas mãos. Sejam quais forem suas escolhas saibam e confiem, e não se preocupem, pois vocês sempre estarão à altura dos desafios que surgem, mesmo porque a grande Mente do Altíssimo Deus não dá o frio maior que o cobertor que possuem para proteger e aquecer vocês, e ainda estamos aqui para auxiliá-los. E ainda saibam que o Universo apoia suas escolhas, não importa quais sejam desde que sejam para o seu bem.

Desta forma, vocês podem acelerar o seu processo evolutivo ou ir mais devagar, contudo, vocês não perderão de maneira alguma nosso amor e nosso apoio. Sempre amaremos vocês. Amamos o seu planeta, a Terra, e todos os Seres viventes, grandes e pequenos. Amamos a Humanidade e mesmo que vocês continuem a nos assombrar com suas aventuras audaciosas, esteja sua frequência vibratória caindo ou se elevando, a verdade é que amamos vocês e os aguardamos com paciência e grande ansiedade no dia "D" infinito e absoluto.

É como já foi dito inúmeras vezes, somos todos unificados e ansiamos o momentum em que vocês verdadeiramente aprenderão conosco e nós com vocês, para juntos criarmos um mundo eterno de pura Luz, Paz, Esperança e Amor.

E continuaremos, de agora em diante, como sempre o fizemos, seguindo os Conselhos do Criador. Portanto, todos os seus desejos e esperanças estão subordinados ao grande desenrolar dos acontecimentos na correnteza de todas as emanações, mas a Chama da Liberdade de cada um governa os acontecimentos da Terra.

Sendo assim, esperamos que sempre se mantenham unidos às forças da Luz, e continua a nossa vontade de estabelecer contato com todos vocês, basta que busquem os meios de acessar nosso contato. Decidam-se pelo melhor, ainda é tempo, durante este ciclo o tempo lhes será suficiente para melhor escolha.

A Grande Fraternidade Branca é a Grande Unidade Total do filho do Homem sem nunca se desviar da sua missão básica, no sentido da evolução planetária e glorificação da Vida. E digo em verdade: Os que esperam a segunda vinda de um Jesus ou de um Cristo em pessoa física enganam-se. Ele virá, sim, plasmando-se em cada pessoa humana, intuindo-se cristicamente e de forma quaternária, emanando além da consciência originada, também com as energias evolutivas de todos os planetas, para que a Terra venha participar dos mesmos.

Como já dissemos vocês terão amplos direitos de optar ou rejeitar, isso é um direito de cada um; escolher entre ser o mundo material ou Consciência-Espiritual, entre o seu existir temporário e o seu ser eternidade, entre o pó desintegrado e a energia-luz do espírito e da sabedoria.

Portanto, aproveitem o princípio do novo milênio e desenvolvam a comunicação entre si e uns com os outros, bem como conosco, busquem os meios de expandir suas atividades, vivam em família e amizades, sejam otimistas e utilizem de seus talentos criativos, procurem desenvolver suas capacidades mentais, estudem, viajem, vivam alegremente e a resposta do Universo será ainda mais superior a suas expectativas para superarem todas as previsões negativas ou positivas que foram e serão profetizadas durante este milênio.

Abraço fraterno!

Kenich Ahan na Luz Solar com todos vocês.

O caos atual

UM PLANETA AGONIZANTE – esta é hoje a situação da Terra, com a quase totalidade das chamadas RESERVAS NATURAIS (Vegetal e Animal) esgotadas ou comprometidas.

A depredação irracional dos recursos, motivada pela ganância e ambição deste último século, aliada à destruição provocada pela própria Natureza por meio de incêndios, alagamentos e movimentos do solo, e também à destruição da camada de ozônio, efeito estufa, degelo das calotas polares, aumento da temperatura e à poluição em todos os seus aspectos, conduziram a Terra a esta situação desesperadora, com as mais sombrias perspectivas, caso não sejam tomadas medidas emergenciais para reverter o processo de deterioração e recuperação do que foi perdido.

A preservação da Vida Planetária, dos seus Quatro Reinos, depende exclusivamente da SAÚDE e EQUILÍBRIO do próprio Planeta, um doente em estado terminal.

A explosão demográfica descontrolada e o que é pior, a irracionalidade dos SISTEMAS VIGENTES, dominados e controlados pelos "donos do mundo" estão conduzindo TUDO e TODOS a um inevitável colapso. A fábula da galinha de ovos de ouro ilustra bem o comportamento da Humanidade atual.

Ilustração: População Mundial (Folha de São Paulo – 28.05.99)

ANO 1 POPULAÇÃO = 200 MILHÕES DE HAB.
ANO 1.650 POPULAÇÃO = 500 MILHÕES DE HAB.
ANO 1.804 POPULAÇÃO = 1 BILHÃO DE HAB.
ANO 1.913 POPULAÇÃO = 2 BILHÕES DE HAB.
ANO 1.960 POPULAÇÃO = 3 BILHÕES DE HAB.
ANO 1.974 POPULAÇÃO = 4 BILHÕES DE HAB.
ANO 1.987 POPULAÇÃO = 5 BILHÕES DE HAB.
ANO 1.999 POPULAÇÃO = 6 BILHÕES DE HAB.
Nota: Pelos números divulgados observa-se que levou 1.804 anos para a população mundial saltar de 200 milhões para 1 BILHÃO e apenas nos últimos 12 anos (87/99) aumentou mais 1 BILHÃO.

Pouco ou quase nada têm adiantado as constantes advertências chamando a atenção para a necessidade de uma CONSCIÊNCIA ECOLÓGICA e para a preservação do meio ambiente da "NOSSA CASA". Existem, é verdade, as ações positivas de heroicos pequenos grupos, que ousam desafiar os "donos do mundo", contrariando seus interesses, em desigual luta de pigmeus contra gigantes que atropelam tudo e todos os que se interpõem em seu caminho.

E o povo, cada vez mais condicionado à ignorância e a servir inocentemente a esses criminosos interesses, contribui poluindo sempre mais as grandes cidades, embriagando-se em consumismo desesperado, fazendo exatamente o "jogo" programado por ELES e assim, destruindo rapidamente toda a estrutura dos sistemas sociais que levaram séculos para serem conquistados.

Além disso, some-se também a nociva programação sistemática visando ao desvirtuamento dos valores MORAIS,

ÉTICOS e ESPIRITUAIS; de apoio e incentivo à competição feroz que gera a violência, induzindo cada um a considerar o seu semelhante tal qual um inimigo em potencial; da deterioração dos sistemas de educação, saúde e infraestrutura indispensável às sociedades civilizadas; do desrespeito aos conceitos de Pátria, Nação e País, subservientes ao CAPITAL; da proliferação pandêmica da corrupção e enfermidades que já tomaram conta do Globo; de políticos e poderes venais, do desemprego em larga escala, do racismo e do radicalismo religioso exacerbados.

Eis aí, em poucas palavras, um panorama da nossa época moderna... Simplesmente o CAOS, com tendências a piorar cada vez mais.

A única saída que nos resta é a implantação de uma NOVA ORDEM MUNDIAL, cuidadosamente plantada como se fôssemos verdadeiros "cirurgiões" tendo em mãos um paciente em estado terminal, com pouquíssimo tempo de sobrevida caso nada seja feito.

Uma Grande Reforma Planetária já teve início com a "operação limpeza", isto é, com a extirpação e remoção dos "tumores e focos infecciosos" do Organismo Planetário. Sem essa limpeza, não há como estancar o avanço da doença. É um desmonte e a assepsia de tudo o que é nocivo ao organismo.

Não é difícil entender que é a fase mais tumultuada e dolorosa do Plano da Grande Reforma, pois cada elemento a ser extirpado luta desesperadamente para se manter em seu eterno parasitismo.

As FORÇAS DA PAZ juntamente com as FORÇAS DA NATUREZA já estão em plena ação... Após a conclusão da "operação limpeza", o passo seguinte será a RECOMPOSI-

ÇÃO e RECONSTRUÇÃO DO NOVO MUNDO, dos NOVOS SISTEMAS, de NOVA SOCIEDADE, de um NOVO HOMEM, com o que restar de sadio da Humanidade e dos recursos naturais.

Mas, junto com a recomposição e reconstrução, também deverá ocorrer a cicatrização das feridas que inevitavelmente serão abertas no Organismo Planetário, em função da Operação Limpeza.

Por esses motivos, cada AÇÃO nossa tem de se enquadrar cuidadosamente no cronograma de prioridades do momento, levando-se em conta a delicadíssima situação do "doente" e que, qualquer medida precipitada ou extemporânea pode comprometer todo o PLANO.

Essa também é a razão porque dissemos recentemente que as aparições de naves, já aprovadas e previstas na programação geral, ainda não são prioritárias nessa fase atual, mas serão indispensáveis dentro de pouco tempo; mas mesmo assim, conforme dissemos demos início a essa parte, começando a nos mostrar devagar e com extrema cautela, e assim pretendemos continuar.

As APARIÇÕES seriam prioritárias caso tivéssemos certeza de que o "choque de cultura" que seria provocado, mostrando abertamente ao mundo que realmente existimos, e que somos iguais aos Terrestres e que aqui estamos para auxiliá-los em missão de paz, tivesse o condão de provocar também uma transformação de Consciência tão profunda, capaz de fazer com que os "inumanos" de repente se HUMANIZASSEM e admitissem a necessidade de uma Reforma Global. Mas isso é totalmente improvável, mesmo dentro do que vocês chamam de COMUNIDADE CIENTÍFICA, infelizmente também contaminada pela corrupção, submissão e por um infundado orgulho da maioria dos seus componentes, que só se preocupam com sua projeção pessoal, com sua vaidade.

Quando afirmamos que o mundo está doente, não nos limitamos apenas ao seu aspecto físico; a pior doença é a distorção psíquica que compromete quase toda a Humanidade, que também se deixou corromper, absorvendo com voracidade espantosa as SEMENTES ENVENENADAS que lhes foram oferecidas.

Caso fôssemos estabelecer um paralelo entre o equilíbrio perfeito do Humanizado e o protótipo do homem comum atual mediano, chegaríamos à conclusão de que a loucura tomou conta de todos. Seu sintoma mais significativo é a maneira como a mentira, a falsidade, a hipocrisia e a dissimulação se tornaram os artifícios mais usados em todas as formas de relacionamento humano. Ignoram totalmente que somente loucos usam tais artifícios em um Universo composto por Energias e Forças regidas e equilibradas com precisão justa e matemática; desconhecem o enorme poder destrutivo que uma inverdade pode trazer a quem dela faz uso, provocando, nos planos energéticos invisíveis, imensos e nocivos vazios, semelhantes aos vazios materiais provocados por explosões atômicas. Nesse caso, com a desintegração da matéria para liberar energia, o ser humano diminui o Espaço preenchido de todas as Esferas do Planeta, deixando para nós – Espaciais – um árduo e difícil trabalho de preencher os vazios com novos átomos.

Mas quando o homem, com o poder que possui, mas que desconhece, faz uso de uma inverdade, está criando um vácuo, um vazio em si mesmo, nos seus corpos energéticos; sua recomposição, também muito árdua e dolorosa, dependerá dos seus atos futuros.

Com relação à Reconstrução Planetária dentro de uma Nova Ordem Mundial, ainda é cedo para entrarmos em maiores detalhes; mas quando chegar o momento exato e desde que haja aceitação livre e espontânea dos terrestres nós estaremos prontos para ajudá-los com a nossa experiência, sugerindo-lhes as coordenadas corretas, mas sempre dentro dos princípios da Fraternidade Universal e em atendimento à Consciência Planetária. Essas coordenadas terão de abranger todos os campos de atividades humanas, a Humanidade terá de absorver nova Consciência e novos Conceitos de si perante os seus semelhantes, perante o Planeta e perante a Humanidade Interplanetária e Espacial que, no fundo, formam uma só FRATERNIDADE.

Complemento da Mensagem:

Como vocês já sabem, o grande purificador deste Planeta é o MAR com sua água salgada. Assim sendo, podemos esperar as maiores reações da Natureza através do elemento ÁGUA. Muita água terá de se precipitar sobre os cinco continentes para que a matéria contaminada, os átomos desintegrados durante a "operação limpeza" sejam levados pelas águas, que sempre correm para os rios e estes desembocam nos mares. A FORÇA DA PAZ, que é uma vibração atuante diretamente nas Mentes dos seres humanos, provocará os necessários movimentos evolutivos e o próprio Planeta promoverá a UNÇÃO DESINFETANTE, enviando o "pó" da terra para o mar, o grande reservatório de matéria caótica, para que nada se perca apenas se transforme.

O melhor seria que o processo todo de assepsia ficasse limitado exclusivamente às reações naturais das ÁGUAS; mas, infelizmente não haverá como evitar as reações também dos outros elementos (Ar, Fogo e Terra), nem as catástrofes provocadas por conflitos entre os povos (guerras).

Portanto, quero que fique bem clara a nossa posição e o sentido das nossas Ações Mentais: – Nós entregamos a "separação do joio e do trigo" à SABEDORIA DA GRANDE MENTE SUPERIOR, pedindo que ELA permitisse a manifestação da FORÇA DA PAZ, dentro da JUSTIÇA REAL e que, se assim fosse a SUA VONTADE e o melhor para a Terra e os nossos Irmãos terrestres, liberasse as Forças da Natureza, para o necessário reequilíbrio energético global, visando proporcionar condições para a reconstrução de um NOVO MUNDO após a Reforma.

A NÓS e à ORDEM QUATERNÁRIA DOS 49 compete exclusivamente emanar PAZ e AMOR para todos, indistintamente e com a máxima intensidade. Os nossos Irmãos que absorverem essas vibrações positivas serão preservados e fortalecidos.

Nunca objetivamos em nossas AÇÕES fomentar guerras, conflitos e catástrofes naturais que, infelizmente, sacrificam muito mais inocentes que culpados. Além disso, nossas vibrações da FORÇA DA PAZ visam também intuir nas Mentes dos governantes e poderosos de todo o mundo, para que desistam de qualquer intenção beligerante. Porém, temos de reconhecer que, embora isso não seja impossível, será muito difícil, razão das previsões de sérios conflitos envolvendo os quatro Estados (Rússia, Estados Unidos, Alemanha e China) – mensagem mais adiante.

Quem sabe o "impossível" aconteça e consigamos evitar as ações destrutivas provocadas pelo homem. Com relação às forças da natureza, a limpeza pelas águas é inevitável como um processo natural que é; já com relação a terremotos (que estão se intensificando), erupções vulcânicas, vendavais, nevascas, maremotos e outros fenômenos da natureza, trabalhamos constantemente e envidamos todos os nossos esforços no sentido de, se não evitá-los, ao menos amenizar seus efeitos; mas também será impossível evitá-los totalmente devido ao alto grau do desequilíbrio energético planetário.

Essas reações naturais, infelizmente, assim como as provocadas pelo homem, atingirão grande número de inocentes, que serão amparados e recolhidos espiritualmente pela Grande Fraternidade Branca; são para ELES, principalmente, nossas vibrações de PAZ e de AMOR.

Estes esclarecimentos foram necessários para que não paire qualquer resquício de dúvida sobre as nossas intenções e o nosso trabalho conjunto com a Ordem Quaternária dos 49. Não somos juízes nem executores de ninguém; a nossa MISSÃO é ajudar a preservar o máximo possível a VIDA do Planeta e amenizar o sofrimento dos nossos Irmãos.

Assim sendo, caberá a cada um determinar o seu destino...

(de Zastei para Carlos em 31 de dezembro de 1999).

MENSAGEM DE KENICH AHAN

Vocês serão meus faróis e serão os que levarão os seres até a Grande Luz.

Cada um de vocês são seres da Fraternidade, quero que se unam às Sete Chaves e aos Sete Seres. Cada um deve pôr Sete Estrelas a vibrar. Haverá um caminho sim, será o caminho da Fraternidade.

Quero meus filhos, que se lembrem de que devem participar do encontro de si mesmo procurando me encontrar, porque eu estou dentro de cada um. Que cada um possa sentir o calor que vem de dentro para fora, proporcionando-lhe energia com maior força para sua alma, impedindo que algo possa lhe acontecer. Quero que meus filhos se iluminem cada vez mais.

Quero que vocês se mantenham tranquilos e emanem Paz, Harmonia, Amor, Alegria e Felicidade em torno de si, de seu lar e de seus irmãos.

Quero que vocês sorriem, que falem de coisas boas e considerem os momentos em torno de todos tais quais momentos felizes da vida. E ao classificar suas vidas com momentos felizes emanem mentalmente os aspectos positivos.

Lembrem-se de que a semente que desperta para a vida é vida dentro da própria vida!

Paz Irmãos

Abraço Fraterno

(Kenich Ahan – 26 de novembro de 2000).

Terráqueos, derrubai as muralhas que vos envolve.
Aqui vos fala Estésia do Planeta Urano.

Terráqueos, abri diante de vós, vós mesmos, em um ato de consciência abraçando o que de bom e de melhor existe na Natureza humana e nas essências puras da própria natureza terrestre.

A fecundação tem de se dar. Ela é a origem de todas as manifestações e aspectos vindos de causas infinitas. Abri vossos olhos no esplendor da luz que vem do Cosmos, apercebendo-vos da cintilação atuante em vossas próprias células.

Terráqueos, sois essência a que viestes frutificar esta face dando-lhe vidas e mais vidas. Em vós e sobre vós me pronuncio nas vossas palavras, mas a vossa essência permanecerá dentro de nós, onde guardamos as coisas boas em vós e por vós estamos aqui. Não estamos aqui com pretensões demagógicas, mas com a certeza de que estamos nos dirigindo a vosso consciente compreensivo, que sente a necessidade de uma comunicação maior, de uma oportunidade maior relativa aos sonhos de Paz em vossa vida, de Amor e de tranquilidade.

Por isso nos pronunciamos dentro da Paz, não somos agressivos, mas também não queremos ser agredidos em razão dessas nossas palavras. Para que os terrestres possam averiguar o que somos, estamos aqui interpenetrando vossas mentes, motivo porque devemos falar da Quarta Dimensão. Mas antes, quero me reverenciar diante dos sábios e cientistas dessa face terrestre, a todos eles o nosso respeito.

Vamos nos expressar sobre aquilo de que temos conhecimento. Muitos poderão julgar que falamos muito sobre dimensão, o que não deixa de ser uma realidade. Isto porque o Homem é dimensionado e sendo assim, ele é obrigado a conhecer os seus estados. O primeiro, o segundo e o terceiro. O terceiro estado é a Terceira Dimensão. É a terceira dimensão que leva o Homem à Quarta Dimensão.

O primeiro estado é o fenômeno ou feto ovulando-se em células, células de vidas já dimensionadas. Cada desenvolvimento celular já é um ponto de energia em torno do pequeno núcleo, gerando e fortalecendo um campo onde possa atuar em uma mente corpórea, dando-lhe a oportunidade de sua própria sobrevivência.

O Segundo plano, o desenrolar da forma Hominal, é o desenvolvimento natural que dentro da própria natureza procria vidas ou núcleos de energias.

A terceira dimensão é o Homem já sentindo dentro de si o latejar da Quarta, porque ele é dimensionado em quatro, vibrando em duas frequências, matéria e espírito.

Os ocultistas das eras passadas nesta face terrestre levavam seus discípulos a mundos subterrâneos, a mundos estranhos onde administravam conhecimentos herdados de gerações superiores. Quais eram esses conhecimentos? Eram os que lhes tinham sido dados por seres de outros planetas que vinham à Terra com suas aeronaves espaciais. Esses conhecimentos, ao invés de se tornarem a realidade total de todo ser humano, ao invés de serem fatores autênticos e positivos para todos, transferiram-se em patrimônios místicos de colégios iniciáticos ocultos em toda a Ásia e Oriente.

Não estamos criticando, mas é preciso falar. Se tivesse existido um campo maior de comunicação, deixando-se de lado a mística, talvez hoje esta Humanidade não estivesse derramando tantas lágrimas sobre esta Terra que vos alimenta. Este é o motivo porque estamos procurando dar conhecimento de uma ciência oculta dentro de um campo aberto que são os ensinamentos da Grande Fraternidade Branca.

Muitos do que estão aqui ouvindo ou lendo possivelmente dirão e pensarão: É impossível estarmos na Quarta Dimensão quando estamos na Terceira. Mas, na realidade, o homem sempre esteve na Quarta Dimensão. A única causa dos atrasos desses conhecimentos foram as consequências da situação criada em torno de vós mesmos. A concretização da energia em formas, ou seja, a criação da matéria. É uma questão de se penetrar em maior profundidade no mundo da ciência natural da Criação, observando o despertar da razão de todas as causas, cuja ação classifica um ser tal qual Hominal.

Mas ainda é preciso saber o que vem a ser o Homem se defrontando com o próprio Homem. O Homem no primeiro estágio e no segundo estágio, o porquê e o motivo da individualidade. Por que existe o Homem-Matéria e o Homem Espírito?

Matéria, meus irmãos terráqueos, é a forma concreta que estabelece sintonia com todas as vibrações do corpo terrestre. O Homem-Espírito é a Vibração Cósmica recebendo e participando de todas as energias do Espaço. Por quê? Você me pergunta. Por que da individualidade de Força? A razão é que existe a capacidade, em cada ser humano, de captar energias de uma fonte superior que é a própria energia da Terra.

Sei que muitos perguntarão ainda se a Terra tem a mesma capacidade energética do Espaço. Respondo que a força da Terra é dimensionada, ao passo que a Força do

Espaço Cósmico é a energia da Lei que rege grande parte dos núcleos espalhados em todo o Universo. Por isso que o Homem-Espírito adquire mais energia ou força dentro das substâncias do seu próprio viver. Direis: Mas o que tem a ver estas explicações com a Quarta Dimensão? O Homem tem de superar a matéria, dominar a matéria, levitar em matéria e ficar em Espírito. Por que em Espírito?

Consideramos o Espírito uma parcela latente, cósmica, cuja origem se manifesta no nascimento do próprio ser na parte craniana. Esta parte que vem entreaberta é propícia à capacitação das energias cósmicas. Talvez afirmeis: Isto é normal dentro da vida... Eu digo que sim, cuja normalidade é motivada porque o ser já vem com uma frequência latente no cérebro que lhe permite, por menos que receba a possibilidade de sempre encontrar sua frequência cósmica. Seu crescimento e desenvolvimento podem sofrer modificações corpóreas, isso quando a mente não aceita as frequências de vibrações prânicas cósmicas.

Bem, vou parar por aqui, porque nosso objetivo neste momento é que cada um de vós procure admitir o estado de consciência em que já se encontra e dentro de um sentido de clareza de ser humano quartenário. Muitos se negam a aceitar, não creem em uma graduação positiva, pois uma graduação positiva é a irradiação da mente comandando o campo de forças de energias do seu próprio corpo, fazendo com que todas as suas células entrem em reações positivas e deixem esse estado de frequência Terra para transcederem em outro estado de frequência cósmica, recebendo um campo de força maior do que envolve o campo de força da Terra.

É nesse momento que a consciência e a razão prevalecem, fazendo com que o Homem encontre o motivo de sua essência. Tanto precisa ter consciência-matéria quanto ter consciência em Espírito. Quando essas duas consciências se unem, comungam-se, se entrosam dentro de uma sintonia, o corpo cósmico se manifesta em energia, a matéria desaparece, transmutando-se em energia, e como esta é consequência de efeitos originados de frequência, sua tendência é a transposição de um estado para outro, ou seja, de uma dimensão para outra.

Creio que agora todos possam entender o Caminho do EU SOU. Admitindo sempre dentro de uma consciência cósmica podem interpretar o que os Mestres Ascensionados vêm procurando vos ensinar. Antes de terminar, quero novamente vos afirmar: Na Natureza é onde deveis procurar as iguarias complementares para vosso corpo energético.

Gostaria também que todos vós irmãos terráqueos sentissem que a beleza desta Terra empolga os Seres do Espaço. Respeitamos vossas leis, sentimos vossas tristezas e nos congratulamos com vossas alegrias, porque elas estão em nós e nós somos vós, porque somos irmãos dentro da sintonia planetária. Somos Luzes do Espaço, mas não somos Estrelas, somos os que abrem caminhos para outros mundos. Nós Somos Luz porque temos consciência do Universo dentro de Nós e esta é a Verdade que estamos procurando ajudá-los a encontrar.

Portanto, dentre tantas máximas do Mestre dos Mestres... Observai a Natureza – Olhai os lírios do campo.

Homens dimensionados na Quarta Dimensão eu espero que não duvideis de minhas palavras, pois estou sendo sincera e justa nesse sentido. E apenas nós esperamos tais quais os vossos irmãos, um pouco de compreensão e entendimento. E procureis buscar mais consciência acerca de tudo, acerca de si próprios para verdadeiramente serdes mais felizes na condição de homens quaternários e homem luzes que sois.

De Urano vossos irmãos na Luz
Arzon, Estésia, Saint Germain.

Dia 03 de janeiro de 2001.
Início: 1:00h
Término: 3:25h

Fevereiro de 2001

Amados filhinhos desta amada Terra, eis que se aproximam da Terra dias de grande dor como o que já vem acontecendo e precisa haver as reuniões gratuitas, cerimoniais abertas ao público.

Fazer Rosário uma vez por mês. Falem para o mundo rezar. Reúnam os filhos da Luz para apelar. Abram as portas do Santuário para vossos irmãos virem apelar convosco e vejam que as envolvo com a Luz Branca. Visualizem muita Luz Branca em toda Terra.

Momentum do Cálice, o Cálice está derramando. Não podem continuar com toda Luz dentro do cálice. Deve ser repartido o vosso pão. Eu preciso estar de pé às 6 horas da manhã, orar às 6 horas da tarde.

Vulcões, água do mar subindo, guerras, dores, fome. Serão anos como filtros para purificar os corações dos homens que verão o alvorecer do novo milênio.

A Autoridade Papal será substituída por outra estrutura. A Humanidade se sentirá como um viajante desconhecido sobre a Terra. O mundo precisa ser limpo.

MARÇO DE 2001

1. Tempestades violentas, erupções vulcânicas, terremotos que já estão acontecendo e que vão modificar as fronteiras geológicas de todos os continentes.
2. Colapsos mais abrangentes dos sistemas monetários do mundo, programado entre o início e meados de 1993 e que perdurarão até...
3. Fome em vários lugares, pragas, insetos, secas e inundações, que já estão acontecendo, mas podem se tornar potencialmente piores.
4. A perda da camada protetora de ozônio até o ano 2000 foi de tal forma que hoje se nota a dificuldade de sobrevivência ao ar livre por mais de uma hora de cada vez.
5. Até 2010 a perda das florestas tropicais e outras fontes vegetais, de modo que a Humanidade precise usar máscaras de oxigênio para sobreviver.
6. Invasão extraterrestre, com início por volta de 2010 para a extração de determinados recursos em proveito próprio.
7. Doenças ainda piores do que quaisquer atualmente conhecidas, surgindo nos próximos anos, com potencial para dizimar mais de 90% da população.

Isso não é nada atraente não é mesmo? Mas diga para a Humanidade se é esse tipo de mundo que ela quer criar ou no qual quer viver? Será que não basta? Vocês seres humanos, querem continuar dando atenção e poder para construir essa realidade que vocês têm aí ou querem unificar-se ao Governo da Luz, para tudo modificar? Nós somos os arautos de boas novas, em vez de tais possibilidades apavorantes como essas que relatei aqui, deixe fornecer a vocês algumas outras perspectivas.

Muitas pessoas de fato querem que a vida seja diferente e alegre, os seus desejos e pedidos sinceros, intensos são a energia que as grandes Hostes da Luz têm permissão para intensificar e devolver para o planeta a fim de produzir resultados e fenômenos positivos.

Desde já as grandes ondas de Luz enviadas pelos Serafins, Querubins e pelos Poderosos Elohim estão sendo sentidas pela Humanidade e estão ampliando a percepção. O despertar espiritual espontâneo está aumentando para um acontecimento maior e mais positivo, mas tem de aumentar ainda mais. Mais seres humanos precisam reconhecer as verdades maiores que vocês sempre souberam, mas não sabiam como colocar em palavras como hoje sabem.

Com todos os avanços tecnológicos na comunicação essa verdade está se tornando acessível para um maior número de pessoas, quase diariamente, por isso você tem de aproveitar os vossos meios de comunicação disponíveis, site, rádio, palestras, escritas.

Estão acontecendo reuniões nos reinos superiores das quais participam literalmente bilhões de Grandes Seres de Luz, para avaliar, de maneira mais abrangente, como nós podemos ser de auxílio mais efetivo para todos vocês sem violar a livre vontade e a livre escolha. Se vocês soubessem verdadeiramente de toda intervenção Divina que está se dando em todos os níveis da experiência humana, teriam grande esperança de um futuro maravilhoso e contribuiriam mais, afinal de contas este é de fato o amanhecer de uma grande era dourada, *porém ainda tem aparência de nível físico, em face do modo de vida que vocês têm enraizado.*

Vocês precisam desenraizar seus comportamentos autodestrutivos, ou seja, a Humanidade precisa aprender a cooperar com a entidade Terra. A Humanidade precisa entender que precisa da Terra para sobreviver, mas a Terra não precisa da Humanidade.

É preciso saber que com toda intervenção e assistência Divina, em nossa perspectiva ainda existe esperança, ainda existe oportunidade para inverter as coisas, que talvez espere a Humanidade assim como já conseguimos muita coisa. Mas o trabalho ainda não acabou. E cada um de vocês pode representar um papel muito importante, vital nesse desenrolar. Aqueles que lhes falam de desastres potenciais, estão de fato prestando um maravilhoso serviço para vocês. De que outro modo eles poderiam saber o que vocês criaram com tudo que reprimiram em seus mundos de sentimentos e negaram através de digressões?

Saibam que com o despertar de um maior número de seres humanos haverá muito menos consequência de vitimação e doenças. Advogados, médicos e as máquinas que lhes apoiam podem não gostar muito disso, mas eles também vão achar outras áreas de contribuição se necessário, que serão satisfatórias do mesmo modo.

A Humanidade vai começar a pensar muito mais nos próximos anos em termos de bem-estar e responsabilidade pessoal. Mais do que em curar doenças ou em vinganças.

Grupos com respaldo financeiro estão se formando agora mesmo a fim de contribuir para a elevação global de consciência e a expansão da Luz individual e coletiva. Há de se ter compreensão por parte de quem tem recursos financeiros que podem ser canalizados para os esforços de expansão de consciência, mais alinhadas com a evolução que a Terra deseja.

Já estão sendo construídos protótipos de máquinas que queimam água, dispositivos para captar energia cósmica para necessidades domésticas de energia e muitos produtos novos para melhorar a saúde, que são inofensivos para o meio ambiente. Assim também existem grupos formados, como o de vocês, para controlar, comandar conscientemente os padrões climáticos, para aumentar a produção da colheita e para reduzir a destruição provocada pelos insetos por intermédio de direcionamento consciente do pensamento poderoso e focalizá-lo na Luz.

Tudo isso está acontecendo e precisa aumentar. Isso abre a porta para mais oportunidades de trabalho para aqueles de vocês que estão suficientemente despertos para participar nesses níveis de consciência.

Imensos depósitos de ouro e platina estão planejados para ser precipitados para certos indivíduos ou grupos. Como parte das modificações em que controla os recursos financeiros do mundo. Alguns podem parecer tão pobres que não têm onde cair mortos atualmente, mas isso vai mudar.

Os Mestres Ascensionados são os responsáveis por essa precipitação. Estão simplesmente esperando o momento certo para fazer isso surgir de modo que não caia em mãos erradas. Muitas indústrias que mais provocam a poluição vão achar mais difícil de esconder a verdade e escapar da justiça.

Tais indústrias podem entrar em colapso e em seu lugar surgir indústrias ecologicamente responsáveis que se tornarão gigantes no futuro, especialmente aquelas dirigidas por filhos da Luz visionários e humanitários em suas ações. Apenas observem o que já passou e o que vai passar. Desde abril de 1997, a Estrela de Órion trouxe com seu brilho intensa luz para os novos Tempos Dourados. Muitos Mestres Ascensionados estarão voltando para andar na Terra outra vez, e, portanto, só o fato de muitos seres humanos se abrirem e colocarem-se à frente da Presença de um desses grandes seres de Luz, elevará a consciência das pessoas.

Um número suficiente deles está no Planeta para que todos tenham a oportunidade de encontrá-los, de receberem suas bênçãos especiais. Para isso devem atender ao chamado dos ordenados. Portanto, a missão de vocês deve continuar, fazendo o chamado para a mudança de consciências, recrutando filhos do Arco-Íris. À medida que os seres humanos despertarem suas consciências eles ajudarão a neutralizar milhares que não fazem nada para modificar o quadro das previsões citadas acima.

Aqueles que não escolhem mudar para um comportamento mais amoroso e responsável estão simplesmente sendo atraídos para certas áreas do globo onde suas naturezas destrutivas se voltarão contra eles. Isso não quer dizer que todos que passaram ou podem passar por algum desastre físico tenham sido destrutivos em sua consciência. Que nenhum de vocês julgue o outro nesse aspecto, vocês não têm possibilidades de saber todas as razões pelas quais uma pessoa esteja passando por uma aparente crise.

Se no final desta próxima década vocês descobrirem que sobreviveram sãos e salvos, sem nenhuma perda, então agradeçam muito à Vida e a todas as Hostes Ascensionadas que guiaram, protegeram e intercederam em seu favor.

Bem, vou ficando por aqui até que esgotem esse assunto e depois volto com mais instruções.

E agora grito para o mundo que é o momento de liberdade de cada um, e sem liberdade o crescimento da alma fica estagnado e a expressão criativa se torna reprimida.

As manifestações das energias da primeira Grande Onda de Luz este ano estão começando e terá seu Auge se as consciências dos filhos de luz atuarem. Lembrem-se de que o alinhamento continua para a grande evolução.

Deixem suas forças de Confiança e Fé no Deus Interior Ilimitado crescer para se tornar inabalável nesses tempos de mudanças. Depois vocês serão muito mais capazes de ser um exemplo e um representante autêntico da Luz. Lembrem-se de que nossa missão é ajudar um número maior que pessoas possíveis.

Grandes Filhos da Paz e Luz
Até Breve.

Outro ponto a chamar vossa atenção refere-se a essa onda de Luz que desde que iniciou as Operações Extraterrestres e Ascensionados na Terra tem provocado certa intolerância por parte da Humanidade em relação aos abusos de qualquer espécie, isso em razão do alinhamento com a evolução.

O povo quer que a verdade seja revelada, que haja prestação de contas e esse desejo é tão sincero que o alinhamento com a evolução e a intervenção dos grandes seres de Luz trará ainda mais por vários anos ainda, uma grande onda de verdade, justiça, julgamentos daqueles que tiveram intenções criminosas.

As revelações têm surpreendido e vão surpreender ainda mais, principalmente aqueles que pensavam não ser pegos e que estavam acima da lei. Eles podem até tentar escapar das leis dos homens, mas não conseguirão escapar das leis da vida.

Existe muita gente mudando para outras áreas do país com o objetivo de escapar dos desastres previstos.

É importante compreender que se vocês estiverem mudando por causa da motivação do medo, correm o risco de atrair alguma outra forma de desastre sobre si mesmo.

Primeiro resolvam a emoção, depois ajam a partir das indicações do seu Ser Superior. Para onde forem vocês levarão a si próprios. Se estiverem cheios de receios ou julgamentos, isso vai junto com vocês. Podem se mudar para uma área que seria de risco. Uma ironia interessante é que algumas áreas de risco antes são mais seguras agora, porque tanta gente que sentia medo mudou e levou o perigo para onde foram.

Todos os conhecimentos que estão chegando para vocês agora, saindo do seu Ser, são ferramentas separadas para vocês. Sigam adiante com suas dádivas de Verdade, elas são para propósitos específicos e não simplesmente o que dominaram para brincar. Use os Raios, todas as cores da vida que existe aqui.

Vocês são o único Planeta em seu sistema que possui todos os raios, use-os. E não fiquem tão preocupados com as modificações nos mapas de seus estados. Pois todas as massas de Terra no Planeta vão se modificar. Voltem sua atenção e preocupação mais com a consciência, evoluindo através das mudanças.

Ajudem para que não haja mais uma consciência de medo, ajude para que haja uma consciência de Amor, de Renovação, Compaixão, Luz e Paz.

A entidade da Terra e as Hostes Ascensionadas da Luz não permitirão que este Planeta e sua Humanidade fiquem sem alguma área no Globo onde os princípios e leis da vida possam permanecer livres de interpretações errôneas.

Vivam a Luz. Sejam a Luz.

Mestre Hilarion
Servindo-vos com a Verdade

Maio de 2001

Amados filhos da Luz, nesta época de atividade do fogo violeta, trabalhamos mutuamente. Eu vos agradeço as homenagens e aproveito a oportunidade para vos fazer uma proposta – Eu ofereço em gratidão minha assistência e amparo a todos vós que se dedicam à nossa obra de liberdade da Terra.

Quero que saibam, mesmo com todas as vossas deficiências e indisposições ou mal-estar, pois estas são por causas remotas que desejamos neutralizar através deste processo – quando fizerem uso do meu auxílio e exercitarem a sua faculdade de visualização.

Minha proposta é que aceitem um trabalho de purificação, de limpeza em seus corpos internos como uma tarefa imprescindível. Sem vaidade, e sinceramente analisar os seus corações, questionando se o único objetivo pelo qual vocês me procuram é o de galgar a Escada Espiritual e colaborar comigo e todos os Senhores no Mundo de Luz, em benefício de seu Planeta, para juntos fazermos dele a Estrela de Luz e Liberdade.

Se a resposta for sim, então digo que deverão acelerar sua vibração para conosco ingressar no altíssimo mundo da Luz Sutil. Isso depende exclusivamente de vocês.

Desejamos mostrar as esferas que poderão atingir a fim de fazer as belas perspectivas ao seu alcance.

Devem saber que todas as coisas que não são feitas pela Vontade Divina desintegram-se por si mesmas. Portanto, todos vocês que assim se encontrarem atraídos por minha chama, eu convido a virem ao nosso Templo do Fogo Violeta e deixem que auxiliemos vocês.

Absorvam vocês as energias dos Raios Violeta, deixem-nas agir através dos seus quatro corpos inferiores, leve-as à sua vida cotidiana, purifique com o fogo violeta tudo o que tocar. Deixem os Raios fluírem por meio de suas mãos aos seus trabalhos. Conduzam os Raios com suas mãos flamejantes a todas as substâncias, a todas as pessoas com quem entrarem em contato. Então, se passarem nesta prova, vocês serão meus Magos especiais da Alquimia da Luz a serviço da vida e em breve ouvirão meu convite para o próximo passo.

Purificação, Paz, Amor, Vontade Divina são as forças de transmutação mais poderosas e se atuarem com sinceridade será infalível.

Segurem minhas mãos e juntos nós entraremos na Era da Liberdade, em que todas as limitações cairão por terra. Deixem que guiemos vocês durante a fase de mudança Cósmica pela qual a Humanidade e o Planeta terão de passar. Se me ouvirem tudo irá se consumar em harmonia.

Amo vocês, abençoo, e agradeço a vocês pelo dia de hoje e deixo meu exemplo de ascensão para que sigam.

Eu Sou neste Foco de Luz e abençoo todo o trabalho que aqui é realizado na colaboração com a Grande Fraternidade Branca Universal.

Eu Sou sempre vosso fiel protetor e Amigo!

Saint Germain

Amados filhos da Luz, o motivo de vossa existência é o amor, este é o propósito de vossa vida. Sem amor nada existe, nem sequer existiria o Universo, e aliás, nem vida, e para aprenderdes tudo isto é que estais aqui.

Apelai a mim, se quiserdes fazer sobressair o amor, apelai a mim, quando estais com dificuldade em expandir amor, porque o mundo externo da Humanidade também depende do Amor, e EU irei auxiliar-vos. Para isso, possuo um grande momentum, ou reserva desta divina virtude da qual podereis extrair, a qualquer hora, tanto quanto necessitardes.

Eu Sou vossa irmã, Eu vos amo e coloco aos vossos pés este amor.

Eu Sou Rowena, sempre pronta a auxiliar-vos na Luz.

Agradeço o privilégio de estar aqui convosco e poder dizer: EU VOS AMO.

Eu Sou vossa vitoriosa conclusão na Luz.

Lembrem-se, o Amor neutraliza muita coisa que vos martiriza. Ele faz milagres, alegra o coração.

Pois irradiai amor, uns aos outros.

Procurem trabalhar o cardíaco.

Mestra Rowena,
Maio de 2001

07.05.2001 - Festival de Wesak

A oportunidade de ver nossos alunos há tanto tempo sob nossa guarda, novamente como nossos hóspedes fazem com que os envolvamos cada vez mais em nosso amor e tragamos ao vosso caminho as oportunidades. Principalmente a cada ano podemos observar, a cada visita, que vossa luz interna cresce consideravelmente.

Vemos também que iluminastes ou (em muitos alunos) melhorastes muitas de vossas qualidades negativas, enquanto o amor ao serviço à vida cresceu em vós. Saudamos-vos, pois novamente em vossas fileiras e, conjuntamente, dirigimos mais suave força ao vosso mundo para que possam prosseguir.

A irradiação desse momento é bastante apropriada para envolver vosso mundo terreno com essas bênçãos que vos trazemos do Alto Cosmos plenas de Puro Amor, Sabedoria e Poder para que continueis decididos em vosso caminho, pois só o Caminho ao EU SOU voz faz verdadeiramente progredir.

Agradecemos-vos amados alunos da luz pela colaboração no Grande Plano para a Terra e protegemos cada um com as Forças da Luz. Sempre conclamamos estas forças a descer das alturas, diretamente aos corações dos alunos. Junto chamamos a todos os dirigentes das Forças dos Raios a virem aqui ao vosso meio para que todos eles concedam a sua benção e assim tem sido feito. Cada um vos oferece suas forças da forma que podereis absorvê-las. Essa irradiação forma um maravilhoso tecido ao vosso redor entremeado de todas as forças necessárias para progredirdes em vosso caminho.

Quero que neste instante todos, ao ouvirem estas palavras, vejam-se em uma vestimenta constituída pela substância dos sete raios. Pois estes contêm tudo que cada qual precisa em seu caminho. Lembrai-vos com frequência desta vestimenta de Luz sempre que precisardes de forças especiais. Elas fluirão à vossa vida, e isso eu posso-vos prometer. Continuai ligados a esta torrente de força e vede agora todo o Planeta vestido pelas forças luminosas dos Sete Raios.

Vede agora vossos lares, familiares, iluminem e embelezem vosso cotidiano. E deixo como tarefa para que visualizem estas luminosas forças a determinados lugares no mundo. E creiam: nós continuaremos a vos guiar se permitirdes. Segurai nossas mãos com firmeza para facilitar vossa subida, quando aparecerem obstáculos em vosso caminho. Deixai-vos estreitar em nosso coração como nossos fiéis alunos, aos quais pretendemos dar tudo o que é necessário para o caminho à Luz.

Amados filhos, Amamos o trabalho convosco, e repito, continuai ligados à luminosa torrente de vosso DIVINO EU SOU e sempre ligados às forças luminosas dos Sete Raios e às chamas acesas em vossos corações. Estas chamas os conduzirão ao Caminho do Meio, por intermédio da Fé do primeiro Raio aqui estão agindo com boa vontade, adquirindo autoconfiança e Poder. Pelo Segundo Raio despertará sentimento e a consciência em expansão, com discernimento e sabedoria.

E o terceiro raio já é vossa inteligência ativa e criativa na compreensão do Poder Mental, confere e atua no amor. E assim todos se sintam, neste momento, imantados às minhas bênçãos:

Em nome do Pai da Trindade,
Em nome do filho da Trindade,
Em nome do Espírito Santo mãe da trindade.
Sintam-se na paz e Luz de meu coração que os envolve e ajuda-os a progredir em vosso caminho, a luz.

Junho de 2001

Quando vossas consciências estiverem libertas do fardo de certos embaraços externos, proporcionando condições favoráveis para vos elevardes a esferas mais altas, então novos conhecimentos vos serão novamente revelados. Portanto, é vossa tarefa urgentíssima nesta época purificar vossos corpos internos de modo que ao ser concedido novamente conhecimento superior, não mais causar-vos uma recaída, uma reincidência nos mesmos erros do passado como no caso dos Magos Negros que usaram a energia Divina para fins lucrativos, egoísticos e negativos.

Amados Discípulos, é por essa razão que nós vos reconduzimos ao caminho que agora estais palmilhando, para que não mais tropeceis nos obstáculos da ilusão. Queremos novamente o despertar de vossa visão interna e vos defender de conhecimentos vãos, ilusórios, adquiridos por meio de qualquer exercício espiritual inadequado.

Daqui para diante, no caminho de vossa purificação e libertação das influências externas ou no beneficiamento de vossas Virtudes Divinas, que o saber adquirido nunca mais signifique um perigo para vós.

Vós, Almas humanas, são como uma preciosa pérola que zelamos com muito cuidado. Convido a todas para aceitarem novamente o Amor, Luz e o Poder penetrando em vós.

Vinde, queridos filhos da luz, saturai-vos com a Força Divina, com a Luz Eterna das irradiações solares que é preservada no antigo Foco de Luz de Yucatán! É a pura irradiante energia do Sol que desperta todas as virtudes em vós, para realizar vosso Plano Divino. Realizai-o agora nesta vida terrena e sereis livres para sempre dos grilhões de velhos tempos.

Com Amor Unido a vós sou vosso Amigo da Luz Solar sempre.

Kenich Ahan.

Saudações aos Filhos Guardiães das Chamas

2001

Nós preparamos uma festa para todos aqueles que têm feito e que farão a jornada, na criação de Bases de Luz, na noite do Equinócio de Primavera deste ano. Presentes nesta hora estarão os Mestres El Morya, Kwan Yin, Sananda, Palas Atena, Seraphis Bey e eu próprio Kuthumi.

Mesmo havendo jornada de incerteza e alguns contratempos durante os próximos meses, será aberto a todos um portal de luz que conduzirá a um Raio Branco de força, o que, com toda certeza, iluminará o caminho destinado a curar as feridas nos corações das massas. Aqueles que alcançarão posições de liderança e que despertarão para as responsabilidades e lembranças de suas missões são agora requisitados a dar um passo acima em direção à luz do Altíssimo.

Neste pedido não há promessa de que nos próximos meses será fácil. É como se eles e também vocês estivessem andando em um labirinto. Vocês sabem que quanto mais alto se vai, maiores são os desafios que têm de ser superados.

O que muitos não lembram, porém, é que quanto mais alto se sobe, maior é a assistência que lhes é oferecida pelos Reinos Celestiais. Consequentemente, à medida que se avança, mais desafios são enfrentados em conjunto com as forças da luz, tanto nos mundos ocultos quanto no mundo de vocês, fazendo com que as tarefas se tornem mais fáceis de ser realizadas.

Isto é fato e este é o caminho.

Existe uma corrente de energia, Bem-amados, vindo de Vênus especialmente para este trabalho que iniciamos agora na primavera e vocês no próximo mês. Esta energia penetrará na atmosfera da Terra no dia 21-22 de setembro de 2002.

Essa energia será filtrada pelas almas da *Ordem do Alto Melquisedec*, aquelas que são perfeitas em seus pensamentos, palavras, emoções e ações. Estas almas deverão ser as qualificadoras desse intenso Raio de Luz e são consideradas *Guardiãs da Chama*. Elas assumiram essa responsabilidade nesse momento da História porque uma vez detiveram iguais posições de poder, honra e integridade em Atlântida, no Templo do Amor e Luz, a mais alta estrutura que jamais agraciou o Planeta Terra.

Elas retornaram à Terra uma vez mais para assumir essa posição, para permitir que essa frequência flua através da sua sabedoria coletiva e para sustentar a perfeição da energia interior até a Celebração do Equinócio da Primavera, quando os códigos serão liberados na Mente Universal.

Essas almas agraciam ora a Terra, movendo-se de uma parte do mundo para outra.

Elas portam as vestes sem costuras de *Adam Kadmon*, embora o poder dessas vestes ainda não esteja, hoje, completamente ativado. Elas se mantêm prontas para servir e despejar o amor sobre a Terra e sobre aqueles a quem servem.

Estão entre a elite da *Ordem de Melquisedec*, e podem ser normalmente reconhecidos por sua posição de humildade e por suas mãos de ajuda. Estou falando das almas que trabalham horas incontáveis para ajudar os outros a clarear, em suas mentes, as verdades que buscam, e que devotam suas vidas à causa superior da força de Deus e do plano celestial de paz, prosperidade e boa saúde para todos. Neste dia muitas almas se reencontrarão. Tanto as almas que estão na Terra, quanto as almas que estão no Cosmos – esta é a festa de Primavera.

Muitos líderes da Luz estarão recebendo este comunicado em toda parte e estarão reunindo almas irmãs para uma celebração, mesmo inconscientemente e por outros motivos, e no final se confraternizarão. De qualquer maneira, alguns estarão presentes fisicamente, outros estarão conectados à grade eletromagnética e aos Planos Superiores.

Estamos sempre nestes momentos, acolhendo novos membros que se oferecem a dar suporte e sustentação, pessoas que estão constantemente manifestando a vontade de servir nos eventos cósmicos como o da sustentação da Base de Luz a muitas almas dispersas pelo mundo todo, conectadas ao Centro do Coração, esperando para ajudar e por isso deverão ser chamadas a este evento que acontece em muitos éons de anos e então ocorre a abertura de portais das altas dimensões.

Como um presente, para que vocês compreendam que a vida obedece a ciclos como o das estações, encerra-se um para dar início a outro. Por isso a primavera foi escolhida, desde que o trabalho foi iniciado.

Estamos em festa para comemorar com o Grande Arcanjo Miguel vinte anos de trabalho especial para a Terra e Vênus, a irmã da Terra, que é honrada desta vez e exerce o trabalho de anfitriã que facilitará essa Corrente Celestial de energia que se dirige ao Planeta Terra.

Seraphis Bey aguarda pacientemente pela chegada deste momento, pois este é o seu momento de glória. Seu templo está posicionado por sobre o Templo de Luxor no Egito e é chamado como todos sabem de Templo da Ascensão. Está destinado a ser ativado para o mundo neste momento do tempo atual de vocês, devido às circunstâncias e às mudanças.

Assim é mais do que adequado que sua Essência participe da Festa da Vitória que aguarda todos aqueles que atravessam o grande labirinto nos próximos poucos meses.

Seraphis Bey pessoalmente acompanhará todos que clamarem por vitória nas câmaras secretas do Templo do Altíssimo – e tudo está em vossos corações e mentes.

A corrida de obstáculos que vocês realizarão é aquela em que vocês devem encontrar a si próprios a cada volta e a cada abrir ou desabrochar de uma flor, nesta primavera.

Vocês serão responsáveis pela pureza demonstrada de seus pensamentos, palavras, emoções e ações. Isso significa que terão de honrar cada reflexão, sentimento, ação de vocês e que não poderão dar-se ao luxo de ter um elétron negativo que seja em suas consciências. Eis que estão prestes a viver um momento muito delicado na Terra e nós estamos preparando e zelando pelos nossos, que assim desejarem nossa proteção.

A Hierarquia Celestial acredita que muitos sobre a Terra estão prontos para este desafio e pede que todos se lembrem de que esse acontecimento é uma das principais razões porque escolheram encarnar e se encontrar neste Planeta neste momento.

É uma hora crítica para a Terra e um ponto marcante para os céus. Na hora em que as forças de oposição atuarem fortemente e poluírem o ar com energias de natureza inferior, será necessária toda força das almas que possuem constituição de luz de verdade para a demonstração de caráter impecável e integridade para abrir esse portal.

Estão prontos para este desafio? Muitas forças tentarão impedir a abertura desse portal, pois toda vez que acontecem na Terra batalhas etéricas dia e noite, a nossa vitória está assegurada, pois confiamos nos nossos agentes de luz encarnados, e nosso exército do lado de cá é grandioso, mas precisamos do exército da Terra e são vocês que não permitem que operem, mas isto exige muito orar e vigiar, pois eles sabem que nossa vitória está assegurada, mas o trabalho para combater é árduo.

É preciso permanecer unidos em uma posição centrada e de calma e não permitir que as ilusões penetrem seu Corpo Áurico Coletivo. O sucesso exigirá – Bem-Amados – esforços verdadeiros de equipe.

Todos que estão destinados a preencher essa responsabilidade são requisitados a dar um passo à frente nesta hora e declarar que estão preparados para considerar esta parte da missão coletivamente. Estarão prontas 144.000 almas no etérico nos dias 21 a 22 de setembro de 2002 para atender a esse compromisso.

Essas almas se posicionarão em locais estratégicos ao redor do Globo, sustentando a luz dentro de si em frequência máxima todo tempo. O amor desse Raio Branco transformará seus corações e essas almas, após completarem sua missão, não terão mais qualquer assunto ainda para resolver com qualquer outra.

Nesse momento suas consciências serão elevadas a tal estado de êxtase que receberão os códigos desse raio. Isso irá permitir-lhes entrar no Templo da Ascensão sobre Luxor e cear com Seraphis Bey.

Aqueles que derem um passo à frente e aceitarem o compromisso de realizar essa missão serão assistidos da seguinte forma:

El Morya fortalecerá sua vontade e instilará a disciplina necessária para sustentação da frequência desse raio para o mundo.

Kwan Yin colocará o Lírio sobre seu chacra coronário e ofertará a fragrância da compaixão a cada um que requisitar ajuda para alcançar um despertar pleno em não julgamento.

Sananda selará seus corações com a fragrância do olíbano e conectará suas almas à Mão do Divino.

Palas Atena gravará o nome de cada alma na Diretoria Cármica e assegurará que muitas recompensas caiam sobre aqueles que responderam ao dever.

Seraphis Bey aguarda para entreter e honrá-los, uma vez que alcancem o direito de desfrutar de suas câmaras.

E eu, Kuthumi, me preparo para carregar os Códigos Celestiais junto à Mãe Divina em suas almas, para serem sustentados em segurança por vocês, os Eleitos do Universo. Não é recompensa, mas nesses códigos estão contidos os dons que o Universo pode ofertar a vocês: Iluminação, Discernimento e Amor que abençoarão todos os vossos caminhos.

O grupo de 144.000 é aconselhado a começar suas preparações desde agora para assegurar que o templo de seus corpos sinta a harmonia que o Universo tem reservado para todos vocês, para que seus corpos estejam prontos para suportar essas frequências superiores do Amor Divino.

Neste estado de iluminação de existência vos deixo para receber as verdades superiores. Regozijem-se, brinquem e vivam um sentimento de iluminação todas as horas de suas vidas.

Que Deus os acelere em suas jornadas.

EU SOU KUTHUMI.
ADONAI!

Fiquem tranquilos, perfeitamente conhecemos vossas forças positivas e vossas fraquezas e assim tentamos ajustar-vos ao vosso plano de estudo para vos desprenderdes dos interesses aos assuntos diários. Claro que estes têm sua importância. Vosso modo de pensar quanto a estas questões e situações ainda requer grande mudança. Certamente, que na medida do tempo deve ser absorvida em suas ocupações e responsabilidades externas, porém a atividade mais importante de um discípulo da Luz é e será sempre um trabalho para todos em geral.

Nós vos observamos cuidadosamente, portanto deveis dar mais atenção ao vosso tempo terráqueo, pois este foi predeterminado para a tarefa mais importante e não apenas para servir à vossa própria vontade. Espero que estas palavras caiam em terreno fértil e ajudem a vos elevar acima dessa consciência medíocre. Porquanto, a vida vos foi dada com a finalidade de aperfeiçoar-vos a fim de expandir a Luz no mundo.

Sedes vós envolvidos com o manto protetor das irradiações do Templo do Sol.

Vós estais contentes com a oportunidade de divulgar-nos também pela rádio?

As pessoas novatas não estão preparadas para assimilar irradiações solares tão poderosas. Portanto, vosso serviço prestado à vida é pôr à disposição delas as orientações e os poderes das chamas cósmicas. Eu vos pergunto: – Isto não é uma tarefa maravilhosa? Não vale a pena ser vivida? Porém é claro, acautelai-vos, entrei na Câmara Secreta para vos abastecer com as irradiações solares que sabeis que sempre estão à vossa disposição.

Na luz solar é que estão todas as virtudes e qualidades divinas para superar toda negatividade.

Nós todos desejamos mais do que vós mesmos, ver-vos na perfeição, na liberdade da vida externa que vos foi determinada desde o início dos tempos. E a lei de vossa vida está sob o baluarte de vosso Bem-Amado Saint Germain, que reúne os amigos da Luz de séculos passados para juntos trilharem nos caminhos terrenos no cumprimento do Plano Divino.

Sabeis que vos conhecemos de longas eras e já presenciamos com pesar por muitas vezes, vosso afastamento do Caminho Real. Conhecemos as ciladas nas quais vós todos tantas vezes sucumbem, se bem que desejem e pensem atrair o bem, e tudo que vos quero dizer é que nesta vida se processa a última tentativa para alcançar a ascensão; o grande último esforço que vos conduzirá definitivamente à vitória final.

A oportunidade foi dada a muitos filhos para reencontrar o caminho da Luz, e vos digo, as vibrações da Terra estão se elevando paulatinamente e sua aceleração predispõe os corações dos humanos a se abrirem com mais facilidade, e tudo consiste em vossas tarefas, pois despertados, colaborar. Se resignadamente fizerdes o caminho, tudo o que pedistes ao Conselho Cármico lhes mostrará o caminho, mas para isso repito, para serdes resignadamente à Vontade Divina e não ostentar vosso eu personalidade.

Os Mestres da Sabedoria anunciaram em todas as épocas as leis da vida, contudo foram poucos os que obedientemente as seguiram.

Eu sou um dos dirigentes de energia solar que falo raramente com os discípulos, porém vossa luz atraiu-me e vim e venho para reforçá-la sempre, e nossa tarefa é zelar por vós, e a vossa é zelar por vossa tarefa e agora mais que antes, tereis minha sustentação e meu amparo.

E vos digo: muitas Bênçãos e Graças vos esperam. Apenas tudo que tendes a fazer é preparar o Coração e elevar a Consciência. Ser uma alta frequência vibratória que reina em nosso Foco de Luz para levardes ao mundo as energias Divinamente qualificadas que aguardam vosso uso. Para que as baixas vibrações, no dia a dia, não vos assalte, vivenciem conscientemente a União com o Cristo e estareis livres. Afinal, todos nos propusemos a auxiliar nesta abençoada mudança cósmica e estabelecer novamente a Idade de Ouro.

São setecentas e trinta pessoas ao todo que deverão fazer ressurgir visivelmente a toda Humanidade esse maravilhoso FOCO DE LUZ, transformando-o e fazendo dele o mais belo resplandecente e irradiante TEMPLO DO SOL jamais visto aqui na Terra, o que acha que sinto quando vejo todos os canais que estão conseguindo abrir para o recrutamento? EU VOS AMO E VOS ABENÇOO. Abençoo a Luz que de vós e todos que trabalham com amor e alegria irradia.

Isso responde sua pergunta com minha alegria por todos os vossos esforços.

Às vezes entristeço-me pelas atitudes dos filhos, porém também muito me alegro. Filhos meus, que cada final de dia vós permitai ao anjo a que é confiada a execução deste plano escrever em letras douradas a palavra "CONCLUÍDO" o roteiro da Missão pré-delineado.

Com Amor de meu Coração que sempre está ligado a vós todos, e sempre com minhas mãos estendidas, para que agarreis em qualquer momento.

Força filhos! Que floresça em vossas vidas muitos girassóis na luz do Grande Sol...

Batismo de Fogo – 2002

Neste momento somente a própria Fé conduzirá nossos dias. Eis chegado o momento de muitas almas passarem pelos circuitos de transformação do corpo e continuarem no mundo. Deverão manter-se firmemente na busca do aperfeiçoamento, pois quando os Portais da Luz se fecharem ninguém mais entrará ou sairá. Eis que a hora está a soar, para aumentar o Selo de Luz sobre as almas de vocês, os filhos que se aperfeiçoam.

O poder de suas consciências está se reverberando para que a realidade da tridimensão da Terra possa ressoar. Tudo isso está ocorrendo para afastar a Humanidade do poder negativo. *Somente orai e vigiai, antes que o mundo seja inflamado com fogo (...), pois este será o Batismo. Não somente como o anterior com água (...).*

Procurem trabalhar o milagre da mente sobre a matéria, criando vórtices de energias de Luz para toda a Terra e para Humanidade.

Encarem o poder do fogo como elemento transformador. E todo aquele que compreender esta verdade estará no lugar certo e na hora certa.

Todos os corpos de Luz estão ativados: Transformações biológicas neurais.

(estas palavras foram colhidas após passagem por quatro camadas depois da Terra).

Ano após ano –
12 de dezembro de 2002

Almas irmãs, a proposta de todas estas mensagens aqui contidas é proporcionar-lhes conscientização dos fatos e, conforme a vontade da Hierarquia de Luz, o caminho para nos mantermos fora dos acontecimentos, e de que maneira podemos auxiliar.

Bem... Mais um ano vivido e novamente a pergunta: O ano novo será melhor? Todos nós esperamos que sim. Todos os Senhores das Hierarquias Superiores, o próprio Pai Divino e nós, expressamos uns aos outros com as saudações e desejos habituais, mas o mesmo ano é sempre diferente para cada pessoa, porque é cada um de nós que faz o ano.

Assim sendo, cada ano e todas as novidades e melhoras que esperamos está dentro de nós.

Observem almas irmãs, que as coisas, em nenhum sentido da vida, caminham ou mudam sozinhas, mesmo porque se assim fosse, não teríamos liberdade de ação. Nós próprios podemos modelar tudo de acordo inclusive com o próprio gosto.

Durante anos venho ouvindo os Mestres e repetindo seus ensinamentos, entre eles um dos mais fortes é justamente este: Você é responsável por seu destino, tudo depende de seus pensamentos, sentimentos, palavras, ações e reações, atitudes e emoções dizem eles.

Se a Humanidade não mudar a frequência nesses pontos, tudo continuará para ela do mesmo modo, ou seja, como vemos pelas mensagens recebidas, a natureza sabiamente segue o curso e o riacho da vida obedecendo à Lei do Universo, quando chega o momento de ocorrerem as mudanças, fechamento ou abertura de ciclos, simplesmente ocorrem.

Nós, a Humanidade, por sermos parte dessa natureza, não deveríamos ser diferentes. Vejamos uma aranha. Ela tira de seu próprio corpo um líquido gomoso para ir tecendo sua teia. Assim também é o ser humano.

Com seus estados internos tece a própria vida. O que as mensagens e os ensinamentos nos mostram o tempo todo é isso, o nosso (estado) interno é a causa; e as circunstâncias, os acontecimentos externos de nossa vida, ou da vida coletiva, familiar, na cidade, no país, no planeta, são os efeitos do que se vivencia no interno, mesmo que ainda não percebamos, nossa vida é o reflexo de nosso interno.

Assim sendo, almas irmãs, o que desejamos, a melhora de condições que esperamos, seja em que sentido for não depende de ninguém de fora e nem é questão de tempo, como usamos muitas vezes de desculpa.

A verdade é o que temos aprendido. As condições externas dependem de nossos pensamentos ou *Nosso pensamento: Nosso destino*, então, é mudar o que precisa ser mudado em nós. Se nos melhoramos, logo expressamos e automaticamente mudamos o nosso redor, as circunstâncias.

Nada está fora, nada depende do que está fora, é inútil gastarmos nosso tempo, mesmo a chama da esperança, à espera de melhoras por um milagre, como fazemos no final do ano. A verdade é que se são desanuviarmos nossa atmosfera psíquica, criando novas formas de pensamento, renovando o interior, de nada vai adiantar.

É o mesmo que estar doente e não seguir as orientações do médico, ele diz: Tome esse medicamento e pare de fazer "isto" que está causando a doença. E o 'ser' somente ingere o medicamento, mas não faz a mudança necessária para que a causa desapareça. Isto tudo é para chamar sua atenção, alma irmã.

Quando você se pegar pensando como será o novo ano, o que está reservado para mim ou para o mundo? Que tal pensar o que já está dentro de mim, de nós ou do mundo.

Qual a qualidade dos meus pensamentos, palavras, ações, reações, emoções, atitudes atuais? Aí está sua perspectiva do ano novo. O mesmo se responde referente ao país, ao planeta, ao mundo. Vê como funciona e tudo isto os Mestres procuram nos orientar por meio dos ensinamentos e de suas mensagens. É simples como Shakespeare disse: *Tudo está pronto, quando nossa mente está.*

Se estivermos prontos mentalmente, emocionalmente, espiritualmente preparados para o novo, o novo virá, seja em termos de saúde, atividades profissionais, financeiramente, nos relacionamentos, em tudo. A realidade é uma só: Se no interior, no âmago de seu ser está tudo bem, as condições externas da vida consequentemente também são beneficiadas. A questão é: *Conheça a Verdade e Ela Vos Libertará.*

Creiam, almas irmãs, as oportunidades, os anseios para realizações já estão dentro de nós, observem, é assim em tudo, quando estamos preparados em todos os sentidos, chega a realização. Então deixe de usar esta desculpa, de que não está preparado. Seja o que for que chegou até você, você já está preparado. O caminho então é se perguntar como pode fazer para melhor aproveitar esta oportunidade.

Veja alguns exemplos evolutivos: A chegada da luz elétrica, telefone, rádio, televisão, automóvel, avião, computador, entre tantas coisas mais. Se essas coisas chegaram é porque há uma prontidão para isto. O que falta é buscar a melhor forma de fazer uso, não somente em proveito egoístico, mas para um bem comum.

Não devemos pôr a culpa em nada e nem em ninguém. Preparemos a nós mesmos para o reconhecimento da verdade e nada nos poderá ser negado. A verdade nos liberta. Tudo o que condiz com nosso nível de *ser* ou *ter* vem ao nosso encontro, atraído na forma de um imã. Portanto, o que nos resta é observar o que pensamos e até que ponto nós estamos resistindo às mudanças que nós mesmos atraímos por pensarmos nelas.

O que os Mestres da Sabedoria tentam nos dizer nestas e em todas as Suas mensagens é que tudo depende de nós, principalmente dos nossos sentimentos e pensamentos, então que tal, de verdade, ajustá-los?

Almas irmãs, luz e sombra, céu e inferno, não são condições impostas por Deus, são estados de consciência, são estados internos que vivemos. Você entra e sai quando quer. Lembra-se do livre-arbítrio? Por mais que algumas coisas pareçam depender de outras pessoas e condições externas, a cruel verdade é que depende de nós mesmos sempre. Então, o que você espera do novo ano? As previsões são muito sombrias depois de buscar a verdade?

Vamos recordar alguns conselhos do Bem-Amado Jesus Cristo... Não julgueis pela aparência, mas pela reta justiça.

Lembrem-se, aparência não é realidade, se fosse não poderia ser transformada e as possibilidades de transformação estão dentro de nós. E na hora de enfrentarmos os desafios internos, não se pode cair na armadilha de julgar, mas sim esforçar-se para que haja o crescimento. Sem esforço não há crescimento, sem dificuldades não há evolução e ainda, desafios não são para fracos, portanto se você os está vivenciando, eis as respostas. Você está pronto e pode superá-los.

Tudo no mundo e caminho espiritual são semelhantes ao que é na vida material. Vejamos a carreira universitária, é caracterizada por graus e provas, porque se você não vencer os desafios naturais e o aprimoramento prático depois da sua formação, como provar para si e para a sociedade o quanto bom profissional você é? Na universidade espiritual é igual, e é bom que todos saibam e compreendam a única forma de você servir à vida ou arvorar-se em auxiliar a Humanidade atendendo ao apelo dos Senhores da Luz (*Ajudem-nos a ajudar vocês*), é justamente, primeiramente ajudar a si mesmo para estar em equilíbrio, lúcido e ajustado, mental, emocional, espiritual e materialmente, então com condições para colaborar corretamente com a sociedade, ou simplesmente ser um Ser de Luz à Serviço da Vida.

Caso contrário, mantendo-se em condições negativas, em nada pode ajudar, eis que permanece limitado. Mas, contudo, não vos preocupeis com os presságios. Trabalhe na construção de um novo cenário mental. O amado Mestre Hilarion diz: *Transformai-vos pela renovação de vossas mentes*.

Uma visão nova e sadia implicam demolição e reconstrução. Mas é claro que esta demolição recomendada deve ser criteriosa, para o aproveitamento de alguns materiais, é assim que devemos nos encarar despir-nos do velho Ser e revestir-nos no novo Ser em busca da semelhança do Pai que nos criou à Sua imagem. E creiam, almas irmãs, quando assim for verdadeiramente feito, a lapidação no íntimo de seu ser, você verá os resultados refletindo beneficamente em tudo, fora de você também.

Com certeza o ano novo será bem melhor, depende de cada um, dentro do que se propôs e dispôs a mudar, pois algo está bem claro: a causa de qualquer situação externa é unicamente de nossa responsabilidade.

Almas irmãs, que continuemos no caminho das transformações, perseverantemente, para termos dias, horas e anos melhores. É necessário, indiscutivelmente, no dia a dia reservarmos algum tempo para orar, para meditar as verdades e praticá-las.

Com as Bênçãos do Altíssimo Senhor Deus, creio que os aborrecimentos, os infortúnios desaparecerão, pois quando nos aprofundamos em nossas raízes e transformamos a *verdade* em conduta, ela deixa de ser apenas teoria, ela passa a atingir profundamente nossa vida e a nos conduzir, e como nos ensina o Amado Cristo Jesus, *Pelos frutos se conhece a árvore.*

Você se melhorou, você é uma árvore de bons frutos, assim é sua vida. Como o ano, ele será novo? Depende do que internamente você tenha realizado.

Não se esqueçam de que não devemos obrigações a ninguém, ou qualquer coisa, mas ao Cristo que reside em nós. É de nosso dever sagrado, quando escolhemos um caminho, trabalhar com verdade e fidelidade de nosso coração com o determinado método e concentração exclusivamente na meta escolhida, isto inclui o Caminho ao Eu Sou.

Comece o ano esperando o melhor, mas faça o melhor. Inspire-se no Princípio, Deus... Deus criou um mundo perfeito, sintonizado a Ele. Então assuma: *Deus criou-me à Sua imagem e semelhança.*

Deus criou a cada dia, cada hora, cada minuto, cada semana, cada mês, cada ano. Portanto me é maravilhoso, tudo está bem em meu mundo, tudo é pleno, perfeito, completo. Deus só me deseja o bem! São ilimitadas suas dádivas e estas me estão disponíveis. Portanto, esse é o ano que vai me proporcionar grandes realizações de todos os meus sonhos, inclusive as mudanças internas, pois Eu Sou e me proponho a iniciar o ano aberto e receptivo à Divina Inspiração. Pois não somente sonho com grandes possibilidades, mas me proponho a realizá-los.

Este ano, renovo amizades, conquisto novos amigos.

Renovo-me na saúde, com plenitude, tranquilidade, serenidade, pois proclamo cura em meus atos, pensamentos, sentimentos.

E meus corpos respondem com renovação de energias em cada célula, átomo, elétron.

E assim, amadas almas irmãs, poderão conduzir seu ano novo em todos os sentidos. Claro, não se esqueçam de incluir a gratidão, deem Graças a Deus, a Jesus Cristo, ao Divino Espírito Santo, aos Anjos, Arcanjos, Elohim, Mestres, à Hierarquia Celestial. Deem Graças, jubilosamente, a todos e a si mesmos, pelo ano que se encerrou e pelo que se inicia.

E com toda certeza, teremos dias de Luz e Glórias na Terra este ano, e se continuarmos a nossa transformação, anos de vida de glória e vitórias de Paz, Luz e Amor.

O Espírito do Senhor é sobre mim, pois me ungiu... A apregoar liberdade aos cativos e dar vista aos cegos; a pôr em liberdade os oprimidos; a anunciar o ano aceitável do Senhor Deus Pai. (Lucas 4:18-19).

Portanto, quer comais, quer bebais, quer façais qualquer outra coisa, façai tudo para a glória de Deus.

Se quereis dias e vida melhor. Sede meus imitadores, como eu mesmo o sou de Cristo. (Paulo de Tarso 1 Coríntios 10:31 e 1 Coríntios 11:1).

O que mais posso desejar a todos e a tudo?

Glória a Deus nas alturas e Paz a Todos de Boa Vontade!

Beijos em seu coração. Paz, Luz, amor,

Eu Sou na Luz.

Valdiviah

Tempo de Oração

Amados filhos.

- Ao despertar:
- Procurem antes de começar o seu dia, adorar o EU Superior no próprio ser.
- Permita que enquanto dure essa adoração, sua consciência mostre algo que esteja incorreto em sua conduta e que você esteja em equilíbrio para aceitar e fazer o devido reparo.
- Tente dispor-se a fazer em seu dia a dia o que precisa que seja feito e não o que seu ego deseje fazer.

Preserve-se, persevere na Fé e no Caminho da Luz em todas as circunstâncias.

Precisando, é só invocar as Hierarquias Espirituais para ajudá-los no cumprimento de suas tarefas.

- Quando na hora de adormecer:
- Agradeça pelo dia transcorrido.
- Examine as vossas ações, uma a uma, e suas circunstâncias e dê Graças a Deus por ter feito algo de bom.
- Peça perdão pelas transgressões à Lei da Vida, caso houver e sempre tenha em mente o propósito Divino de se corrigir.
- Recomende vossos corpos e vossa alma à Luz Divina antes de ingressar no sono, que o leve aos Templos da Luz.

- Recolhimento:
- Permitir com a visualização, imaginação, que o conduza ao próprio Ser, onde possa em pensamento e espírito manter-se elevado. E mesmo que esta vibração se mantenha durante o dia, mesmo em meio às ocupações no mundo externo, volte sempre a elevar seus pensamentos para a quietude e união ao EU Superior.
- Trabalhar o desapego de todas as coisas e criaturas.
- Coloque no lugar interno algo que te aproxime da perfeição de Deus.

Amados filhos, um trabalho evolutivo deve ser contínuo. Sem atitude de orar e vigiar ativamente o espaço em vossas mentes e corações é ocupado por ervas daninhas que em muitas pessoas passam despercebidas. Os olhos se obscurecem pelo véu e esvai-se a alegria e a fé interior.

Por isso vos recomendo a única fórmula para este momento de dias difíceis na Terra – não se afastar do caminho escolhido – e a vigília através da oração fará com que recebam e atraiam apenas as Forças da Luz da Generosidade do Coração do Grande Pai.

Creiam e confiem. Do Pai vem o juízo reto e perfeito sobre todas as coisas, pois é ele o Rei da Sabedoria.

Tudo que vos peço é que possam dispor de algumas horas ou minutos de seu precioso tempo, mas que deverá ser encarado por vós, Filhos da Luz, como tarefa primordial.

A meta deve ser única entre Céu e Terra. Nossa união neste momento é de significativa importância.

Como veem a tarefa que coloco em vossas mãos não é tão difícil.

Primeiro porque estas horas de vigília e oração reforçarão vossa união com o Criador e se afastarão da escravidão em que se encontra a Humanidade, prisioneira pelos próprios pensamentos e sentimentos que tanto vos impede de evoluir e crescer.

Meus Bem-Amados filhinhos – No Silêncio da Oração estarei com o coração e o cálice aberto para receber vossa dispensação de amor.

EU vos abençoo pelo mesmo Raio de Luz que abençoo Meu filho, vosso irmão Jesus Cristo.

As etéricas cidades de luz e os centros energéticos planetários

De tempos em tempos, o Governo Oculto da Terra interligado à Grande Fraternidade Branca Universal, à Confederação Intergaláctica da Paz e às Hierarquias Divinas Universais promovem o surgimento de locais no plano físico que sirvam de ponto de apoio à concretização dos projetos de resgate, em todos os sentidos, da Humanidade terrena.

Esses lugares são escolhidos e preparados durante séculos e até milênios, prevendo um conjunto de acontecimentos.

Nossos Bem-amados irmãos engenheiros siderais preparam e organizam os locais. Esses irmãos são consciências altamente sábias que, tendo assumido as responsabilidades do destino do Planeta, zelam para que tudo esteja no lugar certo.

As Cidades Luz, ou internas foram criadas a partir de um profundo pensamento de Amor e passaram a existir nos níveis etéricos do Planeta. Alguns são mais conhecidos hoje: Shangri-lá, Agartha, Shamballa, Ibez o outras não conhecidas.

Muitos dos Mestres Ascensionados vivem nesses locais e de lá realizam sua missão, irradiando para a Humanidade os seus raios fluídicos de amparo, ajuda, conscientização, apoio no processo evolutivo ou para que continue o crescimento de novos seres na senda do conhecimento do despertar espiritual.

Essas cidades etéricas de Luz estão localizadas em regiões montanhosas e de difícil acesso por vários fatores: para dificultar o acesso, aos curiosos, aos mal-intencionados, às energias do baixo astral do Planeta, mesmo porque são locais de poderosos vórtices de energia na sustentação da vida, e ainda são portais interdimensionais onde se realiza todo o trabalho em benefício do Planeta.

Outros pontos são: Monte Shasta (EUA) Região de Sedona (EUA), Serra do Roncador (MT – BR), São Tomé das Letras (MG – BR), São Lourenço (MG – BR), Itaparica (BA – BR), Nova Xavantina (MT – BR), também são pontos onde a energia metafísica flui mais dos mundos interiores: Serra da Mantiqueira, Pouso Alto, Itanhandú, Carmo de Minas, Maria da Fé Conceição do Rio Verde, Aiuruoca e São Tomé das Letras; estes são locais que seriam a projeção dos mundos interiores na face da Terra.

O Amado Mestre Hilarion, como apóstolo Paulo, reconheceu a existência de tais lugares nos títulos de suas célebres epístolas: De Agartha para os Romanos, para os Efésios e para os Tessalonicenses. O Lamaísmo aponta os reinos subterrâneos de Agartha como residência do Monarca Universal que de lá dirige ocultamente a evolução de todos os seres.

No início deste século (XX) o russo ou polonês Ferdinand Ossendowski em sua obra *Bestas, Homens e Deuses* da década de 20 fala do rei do mundo e dos seus domínios interiores, a partir das tradições da Mongólia, mais especialmente do Mosteiro de Narabanchi Kure. Recentemente, Raymond Bernard dedicou-se a este tema em seu livro *A Terra Oca*, em que ele apresenta materiais e histórias e credita ao fundador da S. B. Eubiose a revelação deste mistério no Ocidente. Vocês também poderão ler *O Caçador do Arcano Perdido* de Miguel H. Borges, que igualmente trata desses assuntos.

Outros lugares considerados sagrados: Machu Pichu, no Peru; Tihuanaco, Bolívia; as pirâmides do Egito; as pirâmides do México; Ilha de Páscoa; todos estes locais são Centrais Crisostelares Captadoras de Energia. São chacras planetários. Agora vocês compreendem o que é a *Central Crisostelar de Lirah*. Ela, como todos estes locais, funciona como catalisador energético para a manutenção da vida do Planeta. E toda essa energia é controlada por Divinos Seres Harmoniosos que, incansavelmente, trabalham em razão que ainda está longe da capacidade de compreensão humana.

As palavras quase nada conseguem transmitir do que realmente constitui tamanha realidade do significado das Cidades de Luz.

Amados, como não é mais segredo para vós, um dos maiores causadores do grande desequilíbrio da Humanidade é exatamente a sua falta de capacidade de conseguir controlar o seu lado emocional, ao mesmo tempo em que esse lado da emotividade é uma das principais qualidades do ser humano. É a partir deste ponto do sistema emocional que está sendo criado o novo homem, a nova Terra. Mas essa nova capacidade é um poder ainda sem controle no ser humano, um dos motivos da Humanidade estar passando por todas estas dolorosas experiências, exatamente para que aprenda a controlar as emoções. Contem com o auxílio angélico porque os seres angélicos não possuem o sistema emocional desenvolvido, porque seguem outro tipo de evolução.

A maioria das espécies ou raças estelares não possui o seu lado emocional. Assim o Cristo está criando o novo homem e podemos afirmar que se dividirmos essa criação em três partes, uma delas está acontecendo através do próprio ser terrestre, como deuses cocriadores ou autocriadores.

Creiam o Planeta já atingiu um ponto suficientemente maduro para projetar exteriormente a partir do seu coração, o seu chacra cardíaco, e este é o canal que mais deverá expandir. E este vórtice de energia precisa que cada dia expanda mais até que atinja amorosamente toda sua superfície. É a manifestação do Amor Crístico que retorna à Terra, e a partir do seu chacra maior expande a sua Luz a todos os corações humanos, promovendo a cura planetária, a ascensão, a santificação de todos aqueles que pela busca de autodomínio, auto-observação desejam continuar vivendo as glórias do novo mundo, da nova Terra.

Chamo vossa atenção para a Merkabah Crisostelar, depois para os trabalhos aqui realizados. Então, que haja compreensão, entendimento além da mente humana para com a alma, e que a consciência queira ser um Pilar de Luz para mantê-la em todos os sentidos.

Não é novidade alguma, pois todos conhecem a frase dita por Emanuel por meio do irmão mensageiro Chico Xavier, na obra *Brasil Pátria do Evangelho, Coração do Mundo*. Observe o mapa do Brasil, tem o formato de coração. O Brasil é para todo o Planeta (pela miscigenação), esperança. Embora poucos os brasileiros que reconhecem o seu próprio* valor espiritual. O mesmo acontece com a Crisostelar, são poucos que conseguem reconhecê-la, e vejam quantos anos se passaram. E ela continua a centralizar energias da GFB. Intergaláctica e das Hierarquias de Luz. Veja o acréscimo dela. Com a aliança da Academia de A.C.F. fortaleceu-se ainda mais. Vocês poderão encontrar total explicação na Chave 205, em *Livro do Conhecimento*, observem a Merkabah Crisostelar.

* No Brasil está boa parte da Sexta raça.

PS: Devido à mistura de raças, segundo as informações, o Brasil dará origem à sétima raça que representa a nova Humanidade da Quinta dimensão espaço-tempo, na Quinta face terrestre. O novo Homem. Homem-anjo, o homem-semideus que não mais viverá na prédica da lei, mas do seu cumprimento absoluto.

Os 144 mil filhos já foram ativados em todo o mundo.

Resumindo – Para o processo de reestruturação é sugerido a nossa convivência para que estejamos juntos, unificados em um maior tempo possível e também para podermos realizar grandes feitos de recrutamento juntos. E para que juntos vejamos toda a Humanidade como um vasto Ser Estelar unido pelo amor. Devemos sentir a interconexão entre nós.

Amem simplesmente uns aos outros. Amem-se pelo que são. Amem como devem amar a si mesmos, como são. Mesmo que não vos seja possível viver juntos, unifiquem-se pelo amor. Trabalhem conscientemente isso.

A Família Estelar é grande. Devemos nos unificar e banhar com amor, cura, coragem e apoio, uns aos outros. Trabalhar pela renovação do grupo. Um grupo de integrantes de serviço evolutivo chega a um bom nível de realização quando a sintonia dos valores espirituais é o que molda as consciências dos que almejam servir.

A MUDANÇA CONTINUA

Novas redes estelares para ajudar a natureza a recriar o alinhamento. Trabalhamos no momento pela transferência e ancoragem do triângulo cósmico na Humanidade.

E devido a isso todos nós que já estamos despertos, temos nosso bilhete para casa, e devemos trabalhar para voarmos juntos, como unidade.

Bem-amados filhos da Luz, a questão é que exatamente no dia 31 de dezembro do ano 2011, finalmente o Portal 11:11 fechar-se-á, e a legião de Arcanjo Miguel se dispersará, pois nosso trabalho aqui estará concluído.

Hoje a grande missão deve acelerar sua execução. O que está sendo desesperadamente necessário na Terra no momento é que vocês possam servir como instrumentos. Desde o começo do ano foi dito para trabalhar pela ativação e reunir dentro do Sagrado Triângulo o máximo de filhos do Amor, Sabedoria, Poder. Até 2011 deverão estar dentro do Triângulo os filhos recrutados do Arco-Íris.

O primeiro nível de trabalho de Arcanjo Miguel é curar nossos fluxos de poder e ajudar a nos elevarmos ao pleno poder do Eu Sou. Contudo, cada um de nós, inclusive Arcanjo Miguel porta um cetro de responsabilidade dentro do Triângulo da Unidade.

Ele ajuda na transição de velhos padrões da *dualidade* para os novos padrões da *unidade*. Arcanjo Miguel é o principal supervisor de nossa transformação de seres humanos para novos seres estelares. Esta tem sido minha missão também, a de revelar os escritos dos pergaminhos sobre a ordem e a liderança de Melchizedek e trabalhando para ativar completo amor sob a Luz e a ordem de Metatron, cada um desses aspectos sagrados é encontrado dentro de cada um de nós, e nossa tarefa é passar separadas ou unificadas agora, esta iniciação. E para isso ocorrer passa a ser missão do grupo.

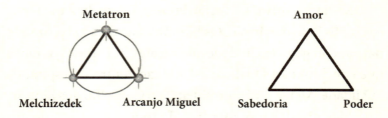

Uma forma de vocês estarem trabalhando o verdadeiro amor é cumprindo a missão de unificação entre si e para os outros, é associando-se e em seguida vocês começam por experimentar as preparações sagradas para sintonização do verdadeiro amor (até este dia eu era iniciada no Portal de Miguel desde 1988).

Este trabalho deu início ao dia 11 de janeiro de 1992 em todo o mundo. Nós dos Sete Raios nos reunimos em Ribeirão Pires e por esta razão o local para iniciar o trabalho de formação da Unidade do Triângulo Cósmico da Estrela Nascida Amarela – Ordem de Melchizedek, e em 1999 iniciação Amor Metatron e com as três ativações M. do Triângulo Cósmico e Divino.

Temos a missão a cumprir. Vocês que aqui estão de 1999 para cá têm a missão de desenvolver a Unidade, ou individualmente ou comigo, inclusive está no projeto e em nossa missão 'Crianças Estelares'.

Ativação Arcanjo Miguel, que é presidente dos arcanjos, e seus comandantes aqui na Terra. Missão: preparar a Humanidade a este salto quântico. Michael Senhor e Protetor das funções de transformação.

Ativação Melchizedek (1991), que é supervisor dos Senhores da Sabedoria – Fazer vir à tona os sagrados ensinamentos. O despertar da sabedoria.

Metatron ativa – Missão Presença Angélica na Terra, operação Raio de Missão. Os Elohim estão agora preparando para ancoragem da Unidade que vai até 2011. Todos os filhos que concluírem a Dualidade-Unidade dentro da espiral da dualidade. Metatron é o presidente do Conselho dos Elohim.

Melchizedek é o guardião de todos os ensinamentos secretos no salão de Registros, e estão sendo abertos alguns pergaminhos secretos antes só revelados para iniciados das doutrinas secretas.

Melchizedek é o Senhor Eterno da Luz.

Está havendo uma exteriorização da hierarquia e dos ensinamentos. Muitos assuntos ocultos ainda permanecerão ocultos, e somente depois que eu atingi esta iniciação é que foi possível dar-me à Grande Missão de Amor. Seu Raio Cósmico de Missão que faz parte de um pergaminho secreto.

Pois nós somos parte dos assuntos secretos. Nós estivemos aqui e já é tempo de nos revelarmos a nós próprios, sendo livres diante da Humanidade e ajudá-la a se revelar diante de si mesma.

Contudo, no ano de 1991 chegou a ordem de Ativação de Melchizedek, e 1992 marcou o ano da ancoragem do Amor.

As instruções recebidas referem-se aos trabalhos citados, entre outras instruções que somente cabem aos membros internos após trilharem alguns caminhos externos e algumas provações para sua autêntica aceitação como Membro Selado Interno.

A Crisostelar realiza alguns cerimoniais fechados apenas para conservar os aspectos sagrados dos rituais e alguns cerimoniais especiais, abertos ao público, como algumas comemorações festivas dos mestres e o Ritual de Transmissão da Chama, que ocorre uma vez por mês, no Foco de Luz Central Crisostelar de Lirah.

Mas todos os cerimoniais visam atender ao pedido de urgência dos Mestres da Sabedoria, em ação exclusivamente mental e apelos, invocações e dispensação de energia através das visualizações dos Raios, justamente em prol da liberdade, igualdade, fraternidade e verdadeira paz.

Os Bem-Amados Mestres nos ensinam que ao fazermos as reuniões de estudos, cerimoniais e toda ação conjunta quanto for possível, é recomendável, como viver em grupo "comunidade" será maravilhoso para o cumprimento do Plano Divino. Sabem por quê? Porque a união potencializa a nossa força e dinamiza a nossa energia e fortalece os laços de verdadeira fraternidade.

Por que igualdade?

Pois no momento da reunião estamos vibrando em prol do mesmo objetivo e dispensando amor. Liberdade porque nos colocamos à disposição do rompimento das fronteiras de nossa própria consciência.

E para continuarmos dando o cumprimento do Plano Divino da Terra bem como em nossas vidas, devemos zelar para que prevaleça a Ordem Cósmica e Divina. Sempre estamos formando novos Raios Evolutivos. Bem-vindos a bordo da nave Central Crisostelar de Lirah. Vamos nos unir e emanar vibrações na Luz dos Sete Sóis das Sete Direções Galácticas para que a paz brote e floresça na face terrestre.

Lembre-se, o que você pensa, sente e vê se manifesta. Pois então reconheçam, almas irmãs na Luz, que depende de cada um de nós... Creiam e alimentem para que se transforme em Fé real... Você tem o poder da Paz, da Luz e do Amor...

Kodoish Kodoish Kodoish Adonai Tsebayoth: Saudações no gesto Luz Universal *Santo Santo Santo é o Senhor Deus das Legiões de Luz.*

EU SOU O QUE EU SOU
Central Crisostelar de Lirah

Mensagem da Grande Fraternidade Branca e da Confederação da Luz para este momentum

Prece de Apelo para trazer à Terra a Luz dos Planetas Vênus, Urano e Marte.

> *Em nome da Altíssima Presença Divina EU SOU, e em nome do Fogo Criador em cada coração humano, EU SOU a expansão da Luz dos planetas Vênus, Urano e Marte que flui dos corações dos Bem-Amados Deuses Solares Hélios e Vesta; dos abnegados dirigentes dos quatro elementos: fogo, ar, água e terra e também da Poderosa Presença EU SOU de todas as Emanações de Vida que pertencem e servem à Terra. Através de todos esses elevados Seres de Luz, a Grande Fraternidade Branca faz descer à Terra e seus reinos em evolução, o caudal energético da Luz de Vênus, Urano e Marte e a essência de suas atividades vibratórias. Isto eu ordeno em nome do Altíssimo Deus Vivente – EU SOU!*

Meus Bem-Amados irmãos terráqueos, crianças de Amor, vós que surgistes do coração do Altíssimo Deus vivente, trago-vos saudações e bênçãos de todos nós do Planeta Vênus.

Primeiramente, somos muito gratos pelos apelos emitidos por vós com a finalidade de atrair à Terra a Luz de Vênus,

Urano e Marte, mesmo em vossa limitada consciência. Não podeis imaginar o que isto representa para a querida Terra. Embora considerando a frequência vibratória de Vênus, bem mais acelerada, procurarei falar mais pausadamente.

Bem-amadas crianças, através de vossos esforços e de vossos apelos e orações, a Terra tornou-se bem mais purificada e nós sempre insistimos no mesmo ponto em nossas instruções, o Bem-Amado El Morya disse quão importante é quando nós vos pedimos para cooperar conosco em um determinado plano, como no plano de elevarmos o Planeta Terra e sua Humanidade. Acreditem, sempre sabemos quando devemos liberar instruções e qual o momento exato para serem cumpridas por vós, bem-amadas crianças, as tarefas como nossos colaboradores.

Venho até vós nesta noite de 03 de janeiro de 2001 para que colaborem com vossas orações e sentimentos de Amor como já fazem os gloriosos seres cósmicos há milênios – e que novamente estão todos unidos a prestar um serviço muito especial para nossa querida Terra.

E quando fizerdes este apelo que vos peço, com todo o amor de vossos corações, sabeis que em cada ponto onde a Luz de Vênus, de Urano e de Marte penetrarem na Terra serão reforçadas e protegidas por colunas de luz indescritíveis. Isto é de vital importância. Peço-vos que façam diariamente este apelo ou todas as vezes que desejardes fazê-lo. E quando assim o fizerdes, enviai Amor e Gratidão aos Bem-Amados Alfa e Ômega. Visualize-os dentro de um grandioso Triângulo Cósmico de Luz rosada, protegido pela Chama Azul e na ponta, uma belíssima estrela de Seis Pontas Dourada irradiando seus raios por toda parte do Planeta, e envolva com a seguinte forma de pensamento:

O Bem-Amado Anjo Micach, o Anjo da União (nosso amorável Jesus) que paira sobre o Planeta Terra, trazendo em suas mãos com os braços estendidos um cintilante cálice de luz para ser aceito como benção para esta amada Terra e toda a Grande Hierarquia Espiritual com vossa cooperação poder continuar o trabalho. Sou-lhes muito grata por mais esta atividade unificada do serviço à Vida.

Este apelo já vos foi feito antes há muitos eons de anos e agora é o momento de reprisá-lo. Peço a todos que aqui se encontram neste Sagrado Foco de Luz que se unam e trabalhem a Imorredoura Chama Trina durante todo o ano.

Peço com todo o Amor de meu ser que todos sejam neste Sagrado Templo de Luz, protegidos pelo Senhor do Mundo e que todos mostreis a Ele vosso respeito e reverência. E agora ide e ocupei vossos lugares permanecendo aqui neste mundo até ele se encontrar em segurança. Sejais Bem-amadas crianças, representantes dos Sete Raios. Assim foi decretada esta Ordem pela Lei Cósmica.

Bem-amados, que o Amor Divino, o Poder, a Força e a Sabedoria coesiva de toda vida presente em toda Criação seja a rotação do Planeta Terra. Minhas palavras contêm o amor e a Luz do Altíssimo para vos tornar livres.

Vossa irmã da Luz e Amor para sempre
Vênus e Mestra Rowena

Pronunciamento de Marte diante dos homens terrestres

Como já é de vosso conhecimento, a atividade do Raio Feminino já está predominando na Terra e após uma reunião da Bem-Amada Estésia do Planeta Urano, Olivênia do Planeta Marte e a Bem-Amada Vênus do Planeta Venus, resolvemos multiplicar nossa Luz para auxiliar a Terra. E esta promessa nós fizemos à mais alta Fonte de toda a Vida, ou melhor, uma belíssima estrela, cuja maravilha e beleza vêm sendo zelada no coração da Poderosa Imaculada.

Gostaria que sentisseis como o Amor que flui de nós preenche vossos corpos e o quanto nós desejamos que cada um de vós pudesse sentir a união com vossa Fraternidade e saber que nós queremos vos incentivar a fazer ressaltar mais beleza em vossas auras, em vossas vidas, de acordo com vosso talento manifestado por vosso Raio Cósmico de Missão e, consequentemente, realizar o Cristo Interno no cumprimento de vossa missão.

Quão maravilhoso é o nosso Mestre Jesus, o Cristo. Ele deu à Humanidade um grandioso exemplo do que realmente significa o Cristo em atividade e agora Ele oferece sua capaciade cósmica de Anjo da União aos filhos da Terra, para que o Cristo se projete de seus corações, manifestando-se em toda a sua glória.

Eu Tomo a liberdade de vos fazer uma recomendação que Ele vos disse em verdade: *Amai-vos uns aos outros...* Agarrai-vos ao Plano Crístico do modo que lhe agrada por toda a parte onde viveis sobre a Terra. Torne-se um Foco de Luz, uma Central irradiante de Amor Divino. Visualize durante todo o ano um maravilhoso cálice de Luz sobre o qual flutua uma pomba do Espírito Santo e todos os dias bebeis abundantemente deste Cálice de Luz, da Essência do cálice de vosso próprio ser e permaneça na presença de vosso Cristo Interno.

Deus vos abençoe, enquanto que vos agradeço amorosos discípulos da Luz, pelo fato de poder permanecer em vosso meio, especialmente este ano do vosso calendário em que se deu o início do milênio.

Muita Paz. Muito Amor.

Eu Sou com cada um de Vós.
Olivênia e Mestra Nada

A LIBERDADE DE CADA UM II

Chegamos ao último ciclo de ativação galáctica que na matemática perfeita dos Maias irá de 1992 a 2012, ano em que para a Humanidade é o início de um período de regeneração, com o surgimento de tecnologias não materialistas e ecologicamente harmônicas. (José Argueles).

Oito ciclos anuais do novo calendário solar/lunar da Terra, começando em 26 de julho de 1992 e indo até 25 de julho de 2000, é o tempo necessário para converter o materialismo em arte planetária no tempo galáctico.

A mudança dos polos será a culminação desta conversão da planilha do calendário.

Até o dia 26 de julho do ano 2000, a Nave Tempo da Terra será lançada para um giro de treze anos através do tempo galáctico quadridimensional. A aventura que isto contém para a Humanidade é invencível dentro do entendimento limitado do tempo tridimensional. Esta aventura será o resultado da conversão do " Tempo é Dinheiro" em tempo é arte.

Seguindo sua própria medida de tempo a Terra aproxima-se agora de um nível de frequência superior a 8.0 Hz. Quando a frequência alcançar 8.0 Hertz a Terra experimentará uma mudança de polos a fim de estabilizar a nova frequência. Em 8.0 hertz a Nave do Tempo Terra será aerodinamizada para funcionar de acordo com os padrões galácticos.

Para aproveitar o aumento de frequência e a mudança iminente dos polos, os humanos devem primeiramente experimentar a inversão do tempo. A inversão do tempo marcará aquele ponto no qual os humanos corrigem o seu próprio calendário, voltando ao seu brilho original de 13 meses e 52 semanas.

Ao sincronizar-se com o calendário galáctico, o calendário solar/lunar da Terra funcionará como uma planilha de conversão.

O tempo é agora para a Nave do Tempo 2013. (José Arguelles).

A hora é chegada para a mudança de consciência do ego para a consciência da alma para nos tornarmos participantes galácticos, pois cada um tem seu potencial, é necessário acessar conscientemente a consciência galáctica.

Diz o PHD José Arguelles, de 1987 a 2012 é uma época de oportunidade galáctica. Esse fato é assinalado pela conjunção de alinhamento dos Solstícios de Inverno e de verão como o plano e equador de nossa galáxia a cada 13000 anos.

O equador pode ser visto em noites escuras e límpidas, o caminho estrelado da Via Láctea.

A Terra concluirá sua iniciação galáctica. Alinhamento tanto de equinócios quanto solstícios com o equador galáctico têm ocorrido em intervalos de 6500 anos. A primeira inversão total da Terra na onda galáctica está programada para o solstício de inverno de 2012.

A Terra vem se preparando para isso desde que foi criada. É importante reconhecer que o que chamamos de galáxia é um ser vivo, consciente, cujo corpo é composto de todas as estrelas que vemos no céu noturno. Vivemos dentro desse Ser e a presença da galáxia está em toda a parte. Nós, os seres humanos, somos agora convidados e conscientemente a estar com a presença do ser a que chamamos Galáxia Via Láctea.

HERMANOS E HERMANAS DA TERRA

Aos amados Filhos da Luz: É chegado o momento de nos unirmos em uma Confraternização de Paz e Harmonia. A harmonia é a mais pura síntese que faz vibrar o Grande Pêndulo do coração humano. É aí que nós, vossos irmãos mais velhos, queremos tocar. Este pêndulo, sabemos, é que faz vibrar o Coração, e o Coração é a Vida de todo ser humano.

Estamos nos multiplicando, somos o Pão da Verdade. E este deve nascer a cada segundo, para que haja a multiplicação. E este Pão, amados, que se transforma em substância para alimentar a alma, nada mais é que um veículo de Luz, iluminando os caminhos dos seres da Terra.

Graças aos vossos esforços, este contato tem adquirido forças maiores, a cada instante e em todos os minutos, e não queremos e não podemos crer que vocês possam duvidar que isto possa estar ocorrendo, pois creiam os vossos esforços não são em vão. É tão verdade quanto este contato que aqui está escrito pelas mãos de um ser de vós.

Portanto, queremos que se conscientizem definitivamente de que realmente sois um ser cósmico e de Luz, e assim sendo, cada um de vós deveis continuar a despir-se das vaidades humanas, tornando-se cada vez mais real diante de si mesmo, como Ser de Luz e humano, doando cada instante de sua vida para um ideal maior dentro da própria Humanidade. E para isto, gostaríamos que todos se movimentassem na mesma direção, rumo aos seus próprios infinitos, buscando suas naves no seu interior. Mas lembrem-se sempre do motivo que os levará a movimentá-la.

A direção é a Consciência, é a nossa Consciência originada dos sentidos que banham o total de toda forma humana, transformando-a em uma elipse de Amor. E é somente esta elipse que faz com que cada um de vocês se erga de dentro de si mesmo, doando-se para o Bem de toda Humanidade.

Amados filhos de Luz, cremos em vocês, acreditamos plenamente que vocês sejam nossos arautos e que irão fazer vibrar a Sintonia da Paz.

A paz que irá derrubar muralhas de conflitos que estão transformando os seres terrestres em seres desumanos. Nós cremos neste Pêndulo Divino que vibra nos seus interiores e apelamos para Ele: vibrem em Amor, em Paz, em Esperança dos desconsolados, em Harmonia – vibrem na Fé dos aflitos. Vibrem e aconcheguem junto de vocês os pequeninos que chegam; vibrem, vibrem por todos, vibrem pela Ponte de Luz, pois esta Força de Luz que vocês estão doando a cada instante para este Amor, que é a Verdade do Pai, do Filho e do Espírito Santo, que veio à Terra doar-se a si próprio pela Paz e pelo Amor. E este pêndulo está dando a vocês o sentido de suas vidas em uma existência plena de Consciência.

Queremos pedir em nome do Pai da Humanidade de todos vocês: Ajudem-nos a construir a Paz, nos ajudem, não a mudar os seres humanos, mas sim a lhes dar Fé e Esperança; que a Fé e a Esperança aflorem dentro de cada ser humano, preenchendo-lhes o vazio em que permanecem. Que isto aconteça transformando cada um no seu templo humano, onde ele mesmo possa encontrar em seu interior a sua Paz.

Esperamos que todos sintam e compreendam o que estamos fazendo. Nós não estamos brincando, estamos levando a causa da Humanidade a sério e é dentro desse princípio que esperamos que todos também assim estejam, pois que é bom que nos lembremos de que tanto nós, quanto todos vós estamos em um mundo que está na iminência de explodir, não pelo mundo, mas pelas mãos dos seres humanos sem Consciência.

Vamos caminhar Amados, mas caminhemos para um dia melhor, para que no futuro, os que vierem, possam olhar para traz e sentir que houve uma Luz nas trevas. Luz que foi e sempre será o roteiro deles, os seres do futuro. Pois para derrubarmos as muralhas da ignorância é preciso muita ajuda, são precisos muitos Filhos da Luz para dar Consciência ao mundo. Por esta razão e tantas outras, entre elas por vós mesmos, perseverai, sede firmes ao Caminho, pois temos Esperança e vemos em vossos olhos a Esperança; que a Paz não permaneça apenas na palavra, mas na ação de realizá-la.

Todos nós viemos de sóis em defesa da Terra e ela conta ainda mais e reconhece que seus filhos têm o poder nas mãos para defendê-la. Esta Terra, amados, é consagrada pela Natureza, se ela dá vida, ela tem de sobreviver não é mesmo? Estamos com a missão sobre os ombros, nós, vossos irmãos espaciais e vós, nossos irmãos os terrestres. Tenham Consciência, porque a salvação da Terra está dentro dela, em uma explosão de Fraternidade para juntos entoarmos, harmonicamente, o cântico de Paz que deve ser cantado por todos vós.

Assim sendo, queremos que todos sintam nossa Felicidade por termos mais um esquadrão do nosso lado e também sintam a Esperança dentro de vossos corações e dos vossos olhos, para que a mais pura e autêntica Fé manifeste-se em um corpo só. Todos os dias nós colhemos os frutos que plantamos nos dias anteriores. A necessidade de plantarmos e de colhermos é como se sentíssemos a grande vontade de saciarmos a nossa sede do nosso dia a dia.

Nós não temos palavras perfeitas para expressar nossa gratidão por vossa dedicação este ano. Só o que podemos fazer é sentir e nos harmonizarmos mais com todos e a presença aqui de todos nos leva a crer que fizemos alguma coisa também. Tudo enfim, muito nos honra e nos deixa sensibilizados e lhes ofertamos nossa palavra como pequena gota d'água vinda do céu, que ela caia no coração de cada um ampliando-se em total Plenitude. Plenitude que deverá se manifestar na elevação do templo de cada um, pois que é dentro do seu templo que cada um irá encontrar a Verdade.

Contudo, precisam crer que estão capacitados a dar benefícios à Mãe Terra. É preciso que muitos venham a entender as verdadeiras palavras dos Mestres:

Paz e amor e mais: *Amai-vos uns aos outros como a vós mesmos*, para que estejam nesta Paz, nesta Árvore da Vida.

Assim, inclinamos nossas cabeças diante de cada um de vós e dizendo, embora não nos ouçam:

Obrigado por acreditarem em nós: Obrigado por nos aceitarem como somos – distantes – embora gostássemos de estar entre todos. Obrigado por sentirem que somos seres espaciais e que não podemos ficar na base terrestre com todos, mas agradecemos com profundidade a grandeza de cada um, pois até aqui sentimos, somos levados a crer nos que irão ajudar e ajudar-se mutuamente.

Deixamos-vos e desejamos muita Paz. Paz por ser o sentido do Amor do interior de cada um. Paz para que possam sentir a Harmonia que prospera e vibra em torno do Universo de cada um. Paz, para que todos possam movimentar-se livremente, sem a sombra dos terríveis temores provocados pelas fugas diante de si mesmo. Paz, para que as revoltas do interior de cada um se anulem, harmonizando-se com o próprio templo do ser humano. Paz, para que a centelha de Luz que ainda ilumina o templo do Universo possa iluminar e dar Consciência a todos os seres terrestres. Que haja Paz, mas que ela se harmonize com sua própria Essência de ser Paz, mesmo que a causa em si não se concretize.

Que haja sempre Paz...

Em nome da Fraternidade Branca da Terra, unidos com a Mente Divina (Cristo) que veio dar a Consciência para a plasmação da Paz com o nome de Jesus, afirmamos na Paz do Universo, vos deixamos e vos abençoamos neste fim de ciclo, tanto quanto para a entrada do novo ciclo.

Paz, muita Paz!
Abraços Fraternos!

Comandante Estelar Luz

Afinal o que vai acontecer em e além de 2012? Estamos em 2003

A pergunta que deveriam se fazer a esta altura é para si mesmos, o que querem afinal da Vida? Porque observamos vocês e parece que ainda não sabem. Tudo o que vemos é muita insegurança, confusão, falta de direção, preocupações em planejar o futuro. Ao mesmo tempo, perguntam se haverá um futuro.

Sim, o Planeta está mudando, está se movimentando, alojando-se, crescendo. Como sempre, o que os está deixando confusos é o desperdício por parte de vocês com o tempo. Esta é a verdadeira causa da desorientação em que toda a Humanidade se encontra por muitos éons. O Planeta estava quieto, descansando, como vocês parecem que estão todos em férias da forma com que se comportam frente à evolução. Observem que pequenos acontecimentos de terremotos foram registrados e mudanças que não chegaram a afetar tanto, mas sempre ocorreram movimentos de Terra.

A prova é a criação das Cordilheiras, vales, ou seja, o desaparecimento de continentes e aparecimento de outros, tanto que, há formações rochosas no mundo inteiro.

Agora chegou a hora da Terra se movimentar novamente. Como todos os Planetas que estão em movimento no Universo, sempre promovendo evolução, antes transformação. Por esta razão alguns países estão na iminência de sofrer mudanças drásticas em razão da localização que estas pesadas placas, montadas em cima do mar, camadas de rochas – lavas vulcânicas – vão se deslocando para seguir seu curso natural de transformação, causado pelas forças magnéticas, fazendo com que as placas se movimentem para acomodar esta atração magnética, tanto que o vosso Planeta não é propriamente redondo por causa das atrações magnéticas dos outros planetas.

Assim sendo, irá e haverá ainda grandes transtornos na vida de milhares de pessoas por todo o mundo, como se tem visto.

Vocês perguntam constantemente se não se pode fazer nada. Temos feito muito e vocês por meio de suas mudanças de consciência e orações, o que é muito útil, na medida em que o Planeta se mexe rumo à sua nova morada. Vocês têm visto e sentido o que ocorre em todo o mundo. Por esta razão há muito temos recomendado a todos retornar aos braços do Grande Pai Celestial e para que com a compreensão de que Deus sabe todas as coisas e que faz parte de cada partícula de energia, de vida, de cada pedacinho de tudo.

É difícil aceitar muitas coisas, mas também temos dito e ensinado que todos que aqui estão encarnados nesta época têm uma grande missão a realizar e ainda que vocês mesmo escolham estar neste Planeta exatamente agora. Assistimos a aflição de muitos, principalmente por causa de entes queridos que não estejam em sintonia de acordo com as exigências deste Planeta. Mas o momento é decisivo para cada um, no que se deseja para si e onde se quer estar. Basta observar quando fazem comentários sobre o litoral. Bem, mas a verdade que vocês guardiões da chama da Luz de Deus não vieram aqui para ficar em férias, em tranquilidade e sim para trabalhar na obra do Pai, haja vista que se o *Meu Pai trabalha até agora, Eu também trabalho.*

Assim, muitos seguiram as orientações internas; ouvirão o chamado. Outros se fecharam para não ouvir. Outros desejaram se fortalecer para servir bem mais e ajudar o próximo. Enfim, será de acordo com o livre-arbítrio de cada um.

Observem de acordo com cada acontecimento as diferenças de atitudes das pessoas. Alguns se colocam em risco para ajudar a quem necessita; outros ficam o mais distante que podem. A verdade é que a Terra está se movimentando e cada um deve seguir o seu interior, a orientação que vem de dentro para guiar seus propósitos e quem aceitou o chamado de se espiritualizar, compreenderá bem mais o que estamos falando e assim deve continuar a aprender, evoluir, conforme a orientação esteja sinalizada.

O fato de optarem em ir para as montanhas, matas, áreas puras – vocês devem ir onde o ar esteja mais puro, as vibrações da Mãe Terra sejam mais claras e amorosas, onde tenha água, terra que germine. Tudo isto terá de seguir vosso coração, o interior. Por isto devem continuar o caminho evolutivo e para os que ainda não o têm, o encontre, pois nestes tempos pode ser difícil mapear um rumo de vida, tamanha confusão e medo que paira na atmosfera de vocês ou em uma boa maioria. Mas é possível filtrar. Basta estar em quietude e ouvir o seu ser interior. Seus sistemas de comunicação estão funcionando em perfeita ordem.

Vocês precisam somente se aquietar, pois instrutores, anjos, guias, protetores espirituais, Mestres, arcanjos, seja como vocês os classifiquem e os chamem, estão agindo o tempo todo orientando, mostrando o caminho para que tudo ocorra dentro da Ordem Divina.

Vocês são necessários para que se realize aquilo que foi decretado para o mundo terrestre. É preciso ser mente aberta, a mente da alma, a visão da chama. Ajudem-nos a ajudarmos vocês!

Sejam um canal! Mantenham-se no caminho de Luz, pois existe um futuro, um futuro maravilhoso, embora cheio de desafios. Esta onda deu início em 1992 e vai até 2012 e é importante que saibam o quanto são necessários seus talentos, pensamentos, sentimentos, determinação.

O Planeta está mudando sim, e vocês também devem procurar acompanhar as mudanças seguindo os sinais do chamado interno. Sejam pacientes consigo mesmos e com todos aqueles que não conseguem. Muitos precisam de vocês e precisarão ainda mais. Caminhem com a compreensão de que o Pai Celestial está em vocês e com vocês e cada pontinho de Conhecimento e de Sabedoria que está circulando dentro de cada um de vocês é a prova que precisam de que com Deus todas as coisas são possíveis. Então, deixem o Poder de Deus e seu grande Amor inundarem suas mentes e suas vidas e nada poderá afastá-los da Obra Divina ou dos propósitos que escolheram viver.

Vocês podem participar mais com toda Ordem de Grandes Seres de Luz, quando participam com vossos decretos, orações, visualizações e a própria elevação contribuindo para a expansão da Luz, e a energia dispensada torna-se disponível para podermos atuar.

Para os que estejam preparados, sejam os irmãos mais velhos. Para outros, nosso desejo é o desejo do Pai que muitos e muitos sejam chamados e se deem a oportunidade de ser a Luz do mundo para os que desejaram seguir, pois o ritmo de mudanças vai aumentar com o passar do tempo e alguns de vocês desejarão permanecer nas Trevas e acharão as mudanças bem desagradáveis, enquanto ouvimos de alguns que gostariam que tudo fosse mais acelerado. Outros de vocês pensam que estão preparados para as grandes ondas de Luz, mas não estão.

Por isto, ensinamos constantemente as várias maneiras de se alinharem, se ajustarem à mudança interior, para que as energias superiores encontrem um ritmo mais apropriado para se acomodar, pois é enviada a energia na proporção certa para o nível de preparação de cada um, bem como de um Planeta. Para que sejam suportadas sem que exploda, porque toda evolução precisa ser direcionada conscientemente para que cause somente o bem para todos os envolvidos. É preciso muito zelo no despertar espiritual do ser, mas o que queremos deixar bem claro, com todas as mensagens transmitidas nos diversos pontos do mundo, é que chegará o dia que a Grande Luz descerá sobre este Planeta esteja ou não a Humanidade preparada.

Aproveitem o tempo. Empregue-o de maneira construtiva em seu próprio benefício e no do próximo para auxiliarem na expansão da Luz.

Que o Grande Pai Celestial abençoe a cada um em busca do Caminho da Luz. Que seja uma hora de Bênçãos de Amor para todos que em suas vestes tocar. Amamos vocês como Cristo vos amou e recomendou. Que essas palavras possam servir de incentivo no processo de busca e desabrochar de cada um.

Procurai primeiro o Reino dos Céus e todas as coisas vos serão acrescentadas, disse o Bem-Amado Jesus Cristo.

Toda orientação sobre 2012. A hora da união de Alfa e Ômega

SINCRONIZAÇÃO DO CORPO DE LUZ

Final de ciclo apenas. Após as mudanças a chegada esperada da civilização cósmica e da Nova Mente.

Disse o Dr. Arguelles nos Estados Unidos em um Workshop: *o mundo entrou em uma grave crise espiritual. A guerra do terror, aquecimento global, descontentamento social, os sinais estão em toda a parte. É tarde para se estabelecer alguma coisa, Ilusões se desfazem. Mas, se não houver desilusão da massa, não pode haver um despertar genuíno da massa. É essa a única solução para a crise global. Faltam sete anos na contagem regressiva 2012.*

Nos próximos quatro anos a ordem antiga estará no caminho do esquecimento. A regeneração da Terra por intermédio do aquecimento global estará com a marcha acelerada. Haverá uma colheita de almas. O caminho será preparado para o advento da civilização cósmica.

O significado real dos tempos é que estamos agora em uma jornada espiritual parafraseando a profecia do mensageiro Hopi Thomas Banyaca: Na estrada de 2012, somente sobreviverá povo que seja espiritualmente forte.

Além de 2012, o ano da purificação da alma do mundo está a aurora do Novo Tempo, a chegada da civilização cósmica na Terra. Se você for um dos escolhidos para a preparação do advento da civilização cósmica, você deverá começar agora a recuperar o seu ser autêntico e adquirir uma Nova Mente, a Mente da Noosfera. *Quando aprofundarmos nossa compreensão espiritual, encarando honestamente a nós mesmos e os nossos tempos, poderemos mudar completamente o nosso estilo de vida e estar prontos para a chegada da Civilização Cósmica.*

A Humanidade com seus 5,2 bilhões de membros individuais constitui um hólon potencial da Terra. Para se converter em um hólon da Terra, cada membro da espécie humana deve tornar-se autônomo, auto-organizador e autossincronizador.

E enquanto a opção de se tornar espécie humana for ignorada, o nível de entropia entre a espécie humana se expande. A expansão entrópica da Humanidade acontece à sua própria custa e em detrimento do meio ambiente planetário, movimentando sobre si a força G. O destino da Terra é tornar-se sintrópica em lugar de entrópica.

Atualmente o ser humano é incapaz de ser sintrópico, porque não está sincronizado com o tempo galáctico. Divididas suas crenças limitadoras tridimensionais, os humanos erradamente exploram o espaço em vez do tempo. A propósito do calendário da Paz Galáctica, é a planilha que conecta e coloca a vida diária humana com a Ordem Divina. Todo ser harmônico nasce com um corpo tridimensionado e um hólon quadrimensional.

O corpo físico é o condutor biológico. O hólon é a unidade transportadora do tempo. O corpo e seu hólon são inseparáveis. O condutor biológico suste um sistema de nervos, o sensorial, o instrumento humano para processar a escala completa de experiências. A experiência é sincronizada dentro do hólon quadrimensional.

O hólon e a experiência do corpo físico no tempo, galacticamente codificada, se transferirá para a abertura do corpo de Luz. No presente, os humanos não estão conscientes de seus hólons e como consequência não têm uma forma exata de luz. Assim, os seres humanos que conhecem Holón procuram por várias formas fazer com que chegue ao conhecimento do ser humano estas realidades. Para que se aprenda e vivencie os ensinamentos com o propósito de atrair a força vital divina da sobrevivência para transcender a morte e contatar outras dimensões na Casa de Muitas Moradas do Pai Celestial, e compreender a missão de Cura que todos temos de cumprir para com a própria vida e a vida do Planeta Terra e sua Humanidade.

Por isso a morte do homem velho é necessária para criar a renovação e oportunidade do homem novo.

Deixai ir! Perdoar, renunciar à necessidade do ego em controlar, libertar-se das fronteiras das limitações e relaxar no coração de Deus e na Sua Graça de um Plano Maior, essa é a chave.

Estamos vivendo a Onda da Transformação da Matéria. Doze mil anos depois (d.C.) que se completa 2012. Vemos uma análise resumida:

Ascensão e triunfo do materialismo científico. A conquista do mundo pelos europeus, a revolução industrial, as revelações democráticas da América e da Europa, o colonialismo na África, América Latina e Ásia. Industrialização do Japão, ascensão do comunismo, revoluções comunistas da Rússia e China, Primeira e Segunda guerras mundiais, a bomba atômica e a era nuclear, ascensão das potências do Terceiro Mundo, Islã, México e Índia, Terrorismo Global e colapso da civilização tecnológica, purificação da Terra e a era final de regeneração global, era da informação e tecnologia solar do Cristal, sincronização galáctica.

O que significa que em meados de 2009 até 2012 haverá uma aceleração e uma expansão de energia, culminando em uma grande onda, e, evidentemente, que acompanham esse processo os grandes distúrbios que afetam o campo bioeletromagnético em geral, que estão relacionados com o processo de respiração solar. Se pudermos enxergar o sistema solar como um organismo colossal, cujo corpo, o Héliocosmo, abarca as órbitas dos planetas, qual é o papel deste centro do Corpo Solar e como a respiração solar os afeta?

Considerando essas questões, vamos levar em conta outro aspecto relevante. Se a Terra é um organismo vivo e em evolução consciente, o que dizer do Sol, ao redor do qual ela orbita? Uma breve reflexão é inevitável, para compreendermos que o Sol também possui inteligência. Por essa razão nossos antepassados, das antigas civilizações do Egito, do México, do Peru, da Mesopotâmia conheciam algo sobre tudo isso, inclusive a prática da adoração ao Sol que eles cultuavam.

O corpo solar é articulado como uma série de ondas sutis que corresponde aos dez planetas e as órbitas planetárias possuem uma relação harmônica entre si. Assim foi descoberto o cinturão de asteroides, orbitando entre Marte e Júpiter, Urano, além de Saturno, Netuno e Plutão. Além de Urano é importante aqui destacar é o padrão de onda harmônica criada pelas órbitas planetárias e seu movimento ao redor do Sol. E quanto aos planetas em si mesmo?

O que queremos esclarecer, se o Sol é a inteligência coordenadora central no campo solar os planetas correspondem a giroscópios harmônicos, cujo propósito é manter a frequência ressonante representada pela órbita que ele executa e essa é justamente a descrição do Planeta Terra, isto é, girando em volta de seu próprio eixo, e por isso a correlação entre o inspirar e expirar solar e os dez giroscópios, Planetas e os vinte signos sagrados deixados pelos Maias.

Assim sendo, o processo evolutivo do Sol abrange a nossa própria evolução planetária e o que precisamos alcançar é uma coordenação inteligente dos vários planetas com o núcleo solar central e deste com o núcleo galáctico. O que indica estar o campo solar atingindo novos níveis de integração consciente, frequências progressivas harmônicas das órbitas planetárias em ressonância crescente, frequência harmônica do Sol.

E, contudo isso, a Terra tem sido considerada fundamental para o estabelecimento de um estado de coordenação inteligente, permitindo assim ao Sistema Solar o ingresso à comunidade de inteligência galáctica, em que o objetivo do Grande Ciclo é facilitar a impulsão do Planeta Terra, a criação e a percepção do corpo de luz planetário. Imaginemos esses ciclos como se fossem uma paisagem de ressonância mórfica, divididos em sete montanhas e seis vales, sendo que cada um desses vales e montanhas, como corpos discretos de ressonância mórfica em si mesmos, desenvolvendo-se uma formação de onda única e agregativa até atingir um clímax no final do ciclo.

Para melhor compreender, sugiro a busca do calendário da Paz e os 13 Baktum, que correspondem ao 13º Ciclo, na obra *O Fator Maia*. Assim como os 13 Baktuns podem ser vistos como uma onda agregativa de sete montanhas e seis vales, pode se imaginar os vinte ciclos Atlan como o espiral de DNA planetário.

Por esta razão, no período de 1992 a 2012 ficará mais evidente que estamos juntando o Ômega ao Alfa. A semente estelar semeada no tempo em que Moisés unificava o Alto e o Baixo Egito em 3100 a.c. frutificará como unificação dos hemisférios Norte e Sul do Planeta Terra, completando a passagem pelo feixe de radiação galáctica sincronizante em 2012 d.C.. O ciclo concluído será o ciclo que se inicia, será como se víssemos pela primeira vez e ao mesmo tempo, não mais nos reconhecemos como seres humanos.

Precisamos buscar maior compreensão acerca do funcionamento do corpo de luz do Planeta e o nosso corpo de luz.

Estamos tratando de esclarecer que é um fim de ciclo em 2012 e não o fim do mundo como se propaga. É o fim de um ciclo no campo morfogenético. É despertar o espectro do Armagedon, uma segunda vinda precedida por uma terrível conflagração final que prenuncia a extinção. E de fato é esse o roteiro que está se desenvolvendo através da estrutura temporal fundamentada em Cristo, que agora domina o mundo. O clima de Armagedon anunciado até por cientistas, a partir de suas pesquisas com o átomo, é aonde chegou a Humanidade em nosso Planeta.

Quando pensamos ou olhamos para o Armagedon ocorrente, nos lembramos de *O Livro do Apocalipse*, que apresenta uma Justiça implacável, fazendo uma distinção bem definida entre os que serão salvos e os que serão condenados. Ao mesmo tempo, um texto tão visionário quanto se possa conceber.

Há uma correspondência interessante entre *O Livro do Apocalipse* com *O Livro Maia*, o fato de que Cristo seja o décimo terceiro em um grupo de 12 discípulos. Depois sobre o número sete, repetido várias vezes, como base de toda a revelação e finalmente os 144.000 eleitos. O que podemos concluir e sentir é que tudo isto tem sido ignorado ou evitado: Nova Jerusalém, o Novo Céu e a Nova Terra.

O ingresso na esfera inimaginável de um novo ciclo de sincronização pós-galáctica que se seguirá a 2012. Portanto, não é o fim, mais um convite à Ascensão, uma ativação galáctica, promovendo uma transformação. E os internos efeitos experimentados pela psique humana estão no impacto global da radioatividade e da poluição eletromagnética na infraestrutura do DNA, provocando uma crescente casualidade e entropia no comportamento. Mas a resposta do DNA, cuja atitude é de ruptura social na esfera humana, aumentando a incidência de câncer, novas doenças, como a AIDS, apenas um complemento do que ocorre no organismo hospedeiro maior: a Terra.

É por sincronização posicionada a evocar as luzes espirituais para que haja mais mentes purificadas, que estejam dispostas a se responsabilizar perante o Planeta, como seu mais importante compromisso e auxiliando mais seres humanos a trabalhar pela harmonização do corpo de Luz individual, coletivo e planetário. É preciso trabalhar para que ninguém seja deixado de fora, somente os que assim desejarem, mas a convocação deve continuar até os últimos momentos. Quanto mais próximo estiver o ano de 2012 mais o Planeta estará vibrando como nunca e assim sendo é preciso trabalhar o alinhamento do Corpo de Luz.

Todos receberão as instruções pelos mensageiros gabaritados como intermediários da Federação Galáctica, quando tudo estiver próximo, em meio aos preparativos finais festivos recebidos.

A própria Terra será iluminada quando o grande interruptor for acionado.

Tudo o que se refere aos 12 Baktuns Maias está muito sincrônico com os 12 raios – Camelot – Corte do Reino Central do Rei Arthur e Távola Redonda, a Merlin, ao Reino perdido de Shamballa, às treze tribos perdidas de Shabazz, ao domínio do arco-íris dos quatro rios do Paraíso, à Agartha, à Bíblia, ao Livro de Revelação (Apocalipse), às Chaves de Enock, à Cidade Celestial na Terra – Nova Jerusalém, aos 64 Códigos Chaves, 64 Códons, 32 Runas, 32 Caminhos da Kabalah, aos Cristais Estelares.

Revelação 22:16: *Eu, Jesus, enviei o meu anjo para vos testificar estas coisas a favor das igrejas. Eu Sou a raiz e a geração de David, a resplandecente Estrela da Manhã.*

Voltemo-nos, pois, para o Cristo enquanto é tempo. Filiemo-nos entre os que servem com Amor e Humildade e abramos os nossos corações amplamente, amorosamente, para amenizar o nosso sofrimento e o sofrimento do mundo.

O alinhamento dos planetas do nosso Sistema Solar a um dos lados do Sol vai ocorrer e as Alterações físicas no campo magnético da Terra e nas vidas que nela existem. Já estão ocorrendo manchas solares, labaredas de dimensão inusitada, ventos correntes volumosos de radiações, partículas atômicas se projetarão sobre a Terra, tempestades violentas perturbarão o ritmo terrestre, a ponto de modificar o ângulo e sua inclinação sobre a órbita, com terríveis consequências, climas quentes em alguns lugares, nível dos oceanos mais elevados, ventos que mudarão de direção, aparecendo onde não se tem previsão.

Mudanças climáticas em toda a Terra, aumento da temperatura da atmosfera terrestre, calotas polares diminuindo, distribuições de tempestades pelo globo. Dores, tormentos serão visíveis no Céu e na Terra.

Por isso, não há mais tempo a perder para os arrependimentos. *Quando a hora chegar, quem estiver no telhado não desça a casa e quem estiver no campo não volte atrás.* (Lucas 17:31).

Serão grandes as tribulações. O homem estará entregue a si mesmo por volta de 2009 a 2012. Ninguém poderá interceder pelo próximo. Haverá desalento e muitas mortes, mesmo porque muitos a desejarão. O Sol se esconderá, porque a atmosfera o cobrirá de sombras.

Chegará o tempo que nem as preces poderão ser ouvidas, nem os lamentos comoverão as Hostes ou desviará o curso dos acontecimentos. Nesse dia haverá grande aflição, como nunca houve nem nunca haverá. MT: 24, 21,– *Porque o Mestre é o Senhor. Passam a terra e os Céus, suas palavras não passarão* (Lucas 13:34-35; Jó 1:4-5; Joel 3:15-16, Mt 24:6-8, 29, Revelação cap. 6:12-14 e cap. 21; Mal 3:16-18, Isaias 24:17-23, Pedro 3:12). É tudo que nos resta: Estar em Deus e nos preparar da melhor maneira. Após as tribulações, vêm as "Bem-aventuranças".

Como sabem as mudanças estão ocorrendo. Ficaram bem aparentes por volta do ano de 1997 e vão permanecer até 2025.

De modo geral o apoio mais importante para as mudanças e reconstrução serão as Bases de Luz estabelecidas ao redor do mundo e o vínculo entre vocês e nós de forma eletrônica ou telepática, a qual nós preferimos.

Por isto insistimos na abertura de canais e auxiliamos de forma direta todo o trabalho, que exercerá um papel importante na estabilização da energia de Luz e na manutenção da Ordem e da Paz. Estes núcleos vão se formando naturalmente e agora começarão a ter compreensão consciente de suas funções. É importante vincular-se ou unificar-se entre amigos.

Por esta razão incentivamos as comunidades para que todos, nos momentos oportunos, que pensem de modo semelhante e compartilham valores, possam se unir e assim facilitar a estrutura das Bases de Luz. Mas isto pode ser feito individualmente desde que muitos formem a Base, como é feito aqui.

A Crisostelar é uma Base e quando reúne irmãos semelhantes e os incentiva para o trabalho de apoio à Base de Luz, é de forma que em grupo vocês têm condições de nos oferecer o melhor para que evitemos maiores desastres.

Quando tocamos na Lei da Afinidade é para lhes mostrar o quanto é importante que se amem uns aos outros, e consequentemente os interesses passem a ser semelhantes. Então, não interessa o que ocorra de bom ou ruim, vocês são amigos para compartilhar esses momentos e também atraem uma legião de Anjos Amorosos para lhes dar suporte.

A lei do amor tem uma preciosa missão, e uma das mais importantes é esta: *Amai-vos uns aos outros*; Reconciliai-vos com tudo e todos à sua volta.

É preciso, Bem-Amados, adaptar-se às boas novas. A Terra terá em alguns poucos meses, desafios – ela e sua Humanidade forçosamente terão de abandonar, desapegar, renunciar a muitas coisas contidas que não servem mais, principalmente a resistência acumulada.

Todos vocês receberam, desde que toda mudança começou, uma programação na alma, para que pudessem obedecer quando a hora chegasse, mas muitos estão resistindo, não atendendo ao chamado místico, e muitos de vocês continuam agarrados ao velho, não permitindo o novo, e isto está ocorrendo, e o novo está presente em suas vidas. Mas como há resistência, não conseguem ter olhos para ver, ouvidos para ouvir, coração para sentir.

É da natureza dos seres humanos o poder de retardar o inevitável. A não aceitação dificulta muito nosso trabalho, consequentemente prejudica muito as suas vidas, mas Bem-Amados, a mudança da Terra está tão adiantada para alcançar outras dimensões que mesmo os mais resistentes terão de liberar.

Então, compreendam o porquê de alguns desagradáveis acontecimentos para os mais resistentes, pois compreendam que mesmo possuidores do livre-arbítrio a força da operação é muito mais forte. Vocês não suportarão, e o melhor a fazer é entregar-se e trabalhar com todos nós na criação e sustentação de mais Bases de Luz.

Seres interplanetários, espaciais, ascendidos estão acampados sob a superfície do Planeta para proporcionar os meios corretos para aspirarem tudo que não é mais importante para a Terra e para vocês, inclusive a resistência. Basta por Nós chamarem e assumirem quando atendemos.

Agora vejam alguns detalhes como prova de que a resistência não compensa. Percebam que vocês estão mais nervosos no dia a dia, vocês não têm controle nem mesmo consigo próprios, anulação, enfraquecimento de vossas vontades, não conseguem avançar para lado algum; vocês estão como uma vala que se enche e não tem para onde escoar e esta água parada cria todo tipo de impurezas causando-lhes todo tipo de mal, físico, financeiro, profissional, afetivo, familiar, com o próprio mundo e vocês precisam direcionar esta água, para que possam recriar o seu novo universo.

E agora, Bem-Amados, chegou o momento. O próprio Planeta solta a energia para remoção do que precisa ser removido para que ela se torne finalmente a Estrela de Luz e Liberdade.

Percebam que alguns de vocês sentirão mais que outros esta energia e compreenderão o que estamos vos falando, assim como alguns locais específicos, então vocês presenciarão os dois momentos da Terra: em algumas partes do Planeta e algumas pessoas tendo atitude de muita Paz e Luz e outras totalmente em oposição a essa postura.

Do mesmo modo que se desprende essa energia do Planeta também se desprende de vocês, e mesmo de seus corpos não somente físico, mas os corpos de luz. Por isso que de um lado vocês vão assistir pessoas dizendo: "Agora é a hora de seguir minha meta. Não suporto mais ficar prisioneiro de tudo e todos". Ou seja, é a resistência sendo lançada para fora dessas pessoas como do Planeta enquanto que com outras vocês se irritarão, e aumentará seu estado nervoso pelas atitudes das pessoas, e vocês dirão em alguns casos "Estes são perfeitos cabeças-duras, até mesmo intratáveis".

Bem-Amados, por que vocês pararam para se instruírem e trabalharem na expansão de seu coração, com tantos meios para ter Amor, Compreensão, Compaixão, Vontade

Divina? Foi para ajudá-los durante os próximos meses, após o Equinócio da Primavera de setembro de 2002.

Vocês terão essa alteração, mais precisamente, este trabalho de lançar para fora o que não é Luz acumulada, durará três meses, mas também estamos trazendo até vocês a Luz de muitas chamas, para lhes dar a sustentação devida.

Saibam, Bem-Amados, há muitas malhas de Luz, mas que têm dificuldade de interagir ou se conectar, pois os campos gravitacionais que contêm as formas de Luz estão vibrando em níveis de ondas diferentes, de acordo com níveis diferentes de consciência.

Nós tecemos com Luz adaptadores temporários, de forma que as informações possam ser transmitidas e também colhemos o trabalho de vocês ou energias dispensadas de Amor de vocês do mesmo modo, por isso nos referimos que não importa a forma da emissão. Claro que quanto maior o estado consciencial, mais Luz é dispensada de vossas mentes e corações, maior aproveitamento, ou seja, quando há uma aceitação por parte de vocês dentro do chamado e da energia criada, cada malha de Luz é uma realidade.

Vocês na Terra são malhas de Luz. Basta permitirem que sua Luz se expanda, se forme mais clara em sua estrutura e em sua realidade.

Enquanto vocês se conectam com a malha de Luz intercósmica, a malha se expande. O que então permite que ela se expresse de uma nova forma, ou ofereça novos potenciais através da criação de novas estruturas, então realizamos juntos inúmeros trabalhos em prol da evolução.

Bem-Amados, a Terra e sua Humanidade ainda têm um longo caminho a percorrer, mas saibam que a Terra possui o potencial para completar uma teia de Luz, se assim permitirem, tudo que precisa ser removido de seu corpo (refiro-me ao da Terra) e ao seu corpo físico.

Como disse, haverá duração de três meses e vocês sentirão ser sacudidos dentro de vocês; outros de vocês se sentirão mais nervosos, acentuando situações estressantes, levando a altas tensões. Mas isto irá passar.

Com o auxílio de vocês, levará um mês e meio para carregar as áreas que serão as antenas que irradiam por toda a Terra, para que a própria Terra possa liberar a resistência acumulada deixada pelos seres humanos que passaram antes por esse caminho, mas o importante é que com ajuda de vocês ela possa acelerar seu próprio processo. Tudo que vocês precisam agora é usar muitos dos métodos saudáveis de cura holística, relaxamentos, meditações, ativação dos códigos mântricos de Luz, com trabalhos específicos que os levam a fazê-lo de forma correta e benéfica.

07 DE NOVEMBRO DE 2002

Bem-Amados filhos, eis que vivenciam na Terra um momento importante para todos nós. Mas saibam, o Templo da Vontade Divina mantém-se aberto a todo discípulo que deseja aprender e realizar seu Plano Divino aqui em nosso Templo da Vontade Divina de Deus, onde existem muitos Senhores de Boa Vontade (anciãos) dispostos a vos ensinar, para que continuem no plano terrestre, confiantes e para pôr os ensinamentos em prática, incentivados pela forte vibração que aqui se irradia.

Porém, o mundo externo muitas vezes é bastante poderoso ante a sua modesta Boa Vontade, e as energias terrestres, na maioria das vezes, possuem outros planejamentos e formas de pensamento que não correspondem à Vontade de Deus e os influencia.

Deste modo vós, Amados Filhos, perdeis aquilo que os Senhores de Boa Vontade e Sabedoria vos ensinam. Isto é o que vemos ocorrer com muitos discípulos e isto não deveria e não deverá ocorrer mais convosco.

Pois um sincero discípulo da Luz que se prontificou a subordinar sua vida ao Plano Divinamente Perfeito não deveria permitir qualquer desvio daquilo que ele reconheceu como certo e se propôs a realizar, mesmo que as situações externas sejam adversas e mais fortes do que a expansão de sua Luz Interna; pois apesar de tudo, aos poucos se realiza o Plano Perfeito que jaz em seu coração.

Creiam, toda vida mesmo inconscientemente segue seu Plano Interno.

A tarefa de nosso Foco de Luz consiste em esclarecer ao discípulo que não existe nada mais importante do que discernir ou distinguir a trilha por onde seus passos levam à liberdade.

Esta é a missão deste Foco de Luz Crisostelar.

Assim, Amados discípulos, tudo quanto aprendeis e assimilais nos Planos Internos por meio de vossa consciência externa, lastimavelmente, se ensombra com a atmosfera nublada por planejamentos e formas-pensamento contrários à Vontade de Deus.

Contudo, é necessário que saibam que parte dos ensinamentos permanece gravada em vosso corpo mental e no momento preciso, quando os acontecimentos em vossa vida assim o exigirem, surgirá à tona.

A maior parte do vosso aprendizado permanece soterrada na subconsciência e está sempre à vossa própria disposição. É necessário manter a vossa frequência vibratória elevada e tereis acesso a tudo que havíeis aprendido, consciente ou nos mundos internos.

É necessário continuar o caminho do aprendizado e a lapidação do Ser, afastando os obstáculos que durante éons acumulastes.

Em vós, Amados, ainda existem muitos pensamentos impuros que encurralam a si próprios e os vossos caminhos.

Ide avante, em vossos Caminhos de Luz e Aprendizado. Trabalhai e flamejai o Fogo Violeta transmutador através de vós, em vossos lares e em vossos ambientes de trabalho, onde quer que estejam. Ide avante com Fé e confiança, para que a Vontade Divina possa fluir a vossa vida.

Desejamos como sempre, colaborar convosco e para tanto vos pedimos: purificai vossas consciências antes de vos apresentar no sacrossanto Templo da Vontade Divina, ou em qualquer outro Templo de Luz.

Nós compreendemos que os acontecimentos em vossas vidas são inquietantes. As mudanças são decisivas e um tanto drásticas, mas procurai refletir sobre o apontamento feito pelo grandioso Mestre Amado Jesus, quando se referiu à separação entre o joio e o trigo.

E todos vós, discípulos que estão vivenciando este prenúncio de Jesus, devereis analisar-vos a todo o momento e promover vossa própria purificação.

Não é em vão tudo o que estão se esforçando e vivenciando no Caminho da Luz. Nem mesmo é em vão ter em vossas mãos estas palavras.

Temos assistido a muitos discípulos, internos ou não, bastante adiantados ou não, sofrerem por descuido e intromissão de vaidade, presunção, amor próprio ofendido, inveja, rancor, perfídia, ostentação, orgulho e acabarem perdendo aquilo que com muita doutrina e sacrifício conquistaram por diversas encarnações.

Então, queremos que compreendam porque insistimos e zelamos pelos nossos discípulos, para que usem suas Forças Luz na purificação do seu Ser Interno, para continuarem a fazer jus e merecedores de receber maior abundância e poder da Luz Crística.

Bem-Amados, em resposta às vossas súplicas, é a todos deste Templo Foco de Luz a quem me dirijo, advertindo com estas palavras: Segurai firmemente o Cetro do Poder da Luz, a fim de vencerdes em vossa vida atual, não permitindo que prazeres fúteis em pensamentos e sentimentos impuros afastem-vos da Luz.

Mantende-vos no caminho para sublimar as Forças Divinas e a Vontade de Deus que se propagam por intermédio de cada um de vós no Ofício de Cristo e caminhais sem medo. E lembrai-vos: todo aquele que se declarar por Ele diante da vida, Ele também se declarará por ele diante do Pai que está nos Céus.

Porém, aquele que O renegar diante da vida, também Ele o renegará diante do Pai que está nos céus. Não tenhais medo e perseverais até o fim.

Ide avante. Eu e todos os Senhores da Hierarquia da Luz estamos unidos a vós, e assim gostaríamos de permanecer.

Com Amor E Juntos
Conquistaremos A Vitória.
Um Por Todos, Todos Por Um
Um São Todos E Todos São Um.

Um, Somos Uma Unidade Força, Somos Energia Consciência Evolutiva. Se Somos e Temos Força Consciência Evolutiva, Nossa Missão É Doar Espírito Energia.

A aceitação da Grande Verdade nos une e nos faz Filhos da Luz.

Um Por Todos E Todos Por Um
Um São Todos E Todos São Um

Paz e Luz,

El Morya

Mensagem dos Maias Cósmicos

Missão Planetária dos Extraterrestres

Os Mestres Ascensionados ou a Hierarquia da Grande Fraternidade Branca dizem neste momento de transição... "Precisamos de ajuda...".

O mundo, almas irmãs, se encontra em uma transição crítica, focalizada por uma crise nos princípios espirituais e morais. Nesta época é necessário estabelecer a real existência, nossa consciência de seres de outros planetas e talvez isso já não seja nenhuma novidade, neste *momentum*, mais que em qualquer outro, nossos irmãos das Estrelas estão entre nós. Ao longo das eras eles visitaram o Planeta Terra e influenciaram seu desenvolvimento. Mas o homem moderno, seduzido pelo orgulho, pela ciência da realidade tridimensional, chegou ao ponto de acreditar que a nossa Terra seja o único Planeta no qual existe vida e civilização.

A verdade, caríssimas almas irmãs, é que criamos para nós um mundo sombrio de confusão e sofrimentos, e com o passar do tempo provamos que não conseguimos nos governar e nem mesmo os outros. Nossa natureza de ser externo tornou-se destrutiva e isso é por demais evidente. É um reflexo de nossa consciência limitada e nossos irmãos das estrelas têm muitos milhões de anos de civilização atrás de si, procuram faculdades e poderes que ultrapassam os limites de nossa imaginação.

Eles são livres da escravidão do ego e estabeleceram comunidades de harmonia, amor, paz, governadas pela sabedoria, o que poderíamos chamar de Reinos Angélicos. Neste mundo meus amigos e irmãos na luz, chegou a grande hora para quem ainda não se apercebeu de que passou da hora de avançar, tomando posse da plena consciência de que cada pessoa é seu próprio médico, dentro da liberdade de cada um, é seu próprio sacerdote, e que o corpo físico de cada um é uma nave corpórea, é um templo do Espírito Criador e assim deveria ser reverenciado.

E do mesmo modo reconhecer que o nosso Planeta é uma nave transitória de iluminação e verdade. Enfim, é chegada a grande hora de um novo caminho. Não podemos esperar que a sociedade mude, mas sim que devemos mudar a nós mesmos. A escuridão de nosso mundo, as guerras, a poluição são apenas, almas irmãs, o reflexo de nossas vidas pessoais de escuridão e poluição mental, física e espiritual. Nosso verdadeiro inimigo assim também a nossa verdadeira fonte de força repousam dentro de cada um de nós.

Quando um número suficiente de pessoas tiver derrotado esse inimigo, então o mundo externo mudará e quando isso acontecer, não haverá necessidade de partidos políticos de esquerda ou direita, não haverá necessidade de governadores, pois cada um saberá governar a si mesmo.

Vejam amigos, no início desta quinta geração solar havia anjos e arcanjos vindos de outros planetas. Eles auxiliaram no estabelecimento da Nova Era Solar que foi iniciada pelos sobreviventes do último cataclismo, no qual Atlântida afundou nas águas tempestuosas do oceano.

Esse Continente com seus milhões de habitantes foi para o abismo com todas as suas tecnologias avançadas. Daquela vez a Humanidade também foi avisada, mas não deu ouvido. Apenas alguns poucos seres, com consciência desperta foram evacuados e retornaram à Terra sete anos mais tarde para se tornarem as sementes da presente Era.

Bem, a pergunta é: Você, alma irmã, vai ficar aí sem reagir? Mesmo com todo este chamado e aviso de ameaças de destruição? Você vai ficar aí esperando que alguém vá te salvar? Você vai ficar aí esperando que o governo, ou quem quer que seja, solucione para você seus problemas ou o do mundo?

Pois saibam que esta é uma história em reprise – eu me lembro de já ter visto esse filme antes. Raciocinem conosco, a maioria dos líderes de movimentos políticos e sociais afirma ter como objetivo a paz, a felicidade, a liberdade, mas com muita frequência, procura essas coisas na guerra, na agressão, no terror, enviando ódio, inveja...

Almas irmãs, isso não funciona, basta observar a história para entender como isso tudo é reprise. Naquela época uma grande escuridão tomou conta da Terra. Uma escuridão moral, espiritual que perdura até os dias de hoje. Saibam que há indícios desse fato nos templos incas no Peru, construídos com pedras megalíticas cortadas com raios lunares pelos seres de consciência que tinham aprendido a concentrar e a controlar as forças naturais.

Em 1750, o Inca SHORA ATALUALPA avisou aos guardiões do Sol: *Quando a Humanidade perder sua ligação com as forças naturais, ela criará mais guerra e se perderá na escuridão*. O fato é que esta profecia se concretizou, nossos guardiões da verdade foram mortos e a nova religião de materialismo se espalhou pelo Continente. Os cientistas não conseguem enxergar além dela, não conseguem experimentar o mundo multidimensional do espírito. O povo da Terra, dominado pelo materialismo científico e pela cobiça, devastou a Terra. Com o desenvolvimento de armas horríveis que ultrapassam a nossa imaginação, levaram-nos à beira do abismo.

Durante esse tempo de grande escuridão na Terra o contato com a aliança interplanetária se perdeu. Na América do Sul ainda existem vestígios que testemunham um tempo no qual trabalhávamos lado a lado com nossos irmãos mais velhos de outros planetas.

Há rochas com imagens gravadas de um homem vestido de astronauta, tendo a seu lado um OVNI denominado Quíchua, Estrela Voadora. Na Antiguidade nossos ancestrais Maias, Astecas, Incas recebiam visitantes de outros mundos com muita naturalidade. Eles acolhiam essas naves gigantescas vindas de outros planetas do Universo. Nas regiões de NAZIA, SALSAYHUAMAM, MACHU PICCHU, PANHACAMAC HUAYTAPALLANA e PAITITI, no coração da selva, desenvolveram-se civilizações solares gloriosas. Em vários desses lugares, havia aeroportos universais onde aterissavam grande variedade de naves feitas de ouro, prata, ligas desconhecidas, naves movidas à energia solar e tripuladas por irmãos da Luz.

É necessário, almas irmãs viajores da Terra, o retorno dessas naves nesta atual época. Pois estamos às vésperas de uma grande transição cósmica, eles estão aqui para nos auxiliar a atravessar esse período de transição.

À medida que o passo se acelerar nos próximos anos, eles estarão cada vez mais se conhecendo por meio de contato direto com pessoas tanto física quanto não fisicamente. É a missão deles guiarem a nós com segurança nessa transição, despertando nossa consciência e se isso não for possível, então eles estarão aqui para evacuar os povos que serão escolhidos para ser a semente das gerações futuras. Essas pessoas serão escolhidas de acordo com a qualidade do amor irradiado de sua aura.

Nossos ancestrais desenvolveram extraordinárias faculdades psíquicas que lhes permitiram ficar em sintonia com os grandes mistérios da natureza. Conduziram suas investigações científicas de maneira consciente, ou seja, deslocavam-se em dimensões superiores em suas pesquisas.

Quero também registrar aqui que naquele tempo, depois do cataclismo cósmico, quando a Terra ainda estava em pleno tremor cataclísmico e assumindo sua nova forma, os Iluminados foram enviados de volta a lugares como o lago Titicaca e outros lados sagrados da Terra, a fim de iniciar a formação da nova Humanidade.

Daquele local dos lagos sagrados, cada casal foi para uma direção diferente com a missão de fundar uma nova cultura solar em harmonia com a natureza e o Criador.

No século XX, muitos povos nobres da América do Sul conquistaram o espaço infinito, visitaram outros mundos e trouxeram de volta conhecimentos benéficos à Humanidade. Eles viajaram sem a necessidade de espaçonaves. Alguns índios dos Andes viajam a planetas distantes e aprendem muito acerca do Universo, ao passo que a ciência superficial ainda investiga o nível superficial do plano material. As investigações da realidade tridimensional são sempre incompletas.

Almas irmãs, é chegada a hora de avançar, e cada um de nós reconhecer que é um Templo Sagrado. O altar deste templo é o coração, a chama é o amor, um reflexo da luz superior arde sobre este altar. Essa luz deve ser reconhecida, venerada, cuidada. Esta é a religião dos Filhos do Sol. É a mesma religião dos extraterrestres, nossos Irmãos das Estrelas, é a religião Universal, Cósmica e Solar. Essa comunidade Universal é a nossa família sagrada de outros planetas e estamos todos unidos e trabalhando voluntariamente para a Luz.

É lícito lembrar que os irmãos das estrelas pertencem à Grande Fraternidade Branca de outros planetas. Existem em forma física, mas deixaram de trabalhar lado a lado conosco há 500 anos, com a queda do império Inca.

Hoje estão de volta entre nós. Nas ruas de nossas cidades já existem cidadãos de outros mundos. Estão aqui como mensageiros da Luz para cumprir sua missão no Planeta Terra. Muitas naves cósmicas vieram à selva amazônica na América do Sul onde existem aeroportos secretos. Alguns desses irmãos, às vezes, ficam conosco. São voluntários que vieram para trabalhar conosco neste tempo de transição.

Devemos almas irmãs, nos curar, pois estamos psicologicamente e espiritualmente doentes. Nossa consciência Divina está presa, aprisionada por nosso ego. Para conseguirmos evoluir devemos libertar nossa essência. Este é o despertar de uma nova era. A nacionalidade já não é importante, nem raça, nem tribo, nem classe social, nem religiões. Somos sementes, somos flores de diversas cores no jardim da Terra. A verdade humana é una. O importante agora é despertar a consciência de forma positiva.

Almas irmãs, eu creio que todos agora concordam comigo. Os Mestres Ascensionados e a Confederação da Luz retornaram para verificar a consciência dos Filhos da Terra por meio de suas mensagens de unidade, harmonia, amor, liberdade, igualdade e fraternidade para esta nova era solar.

Tenho certeza que você se unirá a nós e juntos nós agradeceremos aos Mestres da Grande Fraternidade Branca por nos guiar e facilitar a comunicação com os outros mundos através desta mensagem e de seus ensinamentos a todos os que buscam a Luz.

Uma antiga profecia inca diz que quando a Águia do Norte encontrasse o Condor do Sul sobreviria a Luz da Nova Era. Ao ligar a sabedoria dos Maias com a dos Incas, fundimos a sabedoria da Águia com a do Condor.

E eles, os Incas, profetizaram que com a chegada dos europeus, haveria 500 anos de trevas espirituais. O mundo mergulharia no materialismo, o desequilíbrio permaneceria no Planeta. Mas passados 500 anos de obscurantismo, o Condor do Sul encontraria a Águia do Norte, marcando o retorno da Luz ao Planeta e o alvorecer de uma era dourada.

Vivemos em uma época da realização da profecia depois de dois mil anos, o Sol está nascendo, raios trazem saúde, pureza, sabedoria para a cura de toda Humanidade.

Os mensageiros cósmicos das estrelas nos deixaram escrito em pedras: *Percebam e mirem a Humanidade como uma família do Arco-Íris*. Estamos sendo desafiados a dividir nossas diferenças entre nossas culturas e raças e classes sociais. E como disseram os próprios Maias... *Não somos tão diferentes afinal.*

Um mensageiro da Luz, um verdadeiro guerreiro inca e servidor da Grande Fraternidade Branca, disse para a família do Arco-Íris: *O despertar. O Sol ilumina nossas vidas e através do poder de sua Luz alcançamos o Pai Criador. A Porta do Sol está aberta para todos, brilha sobre todos, todo o sangue é da mesma cor, da cor do fogo vivo. Somos irmãos e irmãs dos sete raios.*

Neste ensinamento o querido irmão Willam, homem simples da floresta peruana, começa a mostrar que a hora é chegada para desfazer divergências entre religiões, culturas e raças, à medida que nos tornamos conscientes de que somos uma família, uma única raça humana no belo Planeta Terra. A partir de uma perspectiva galáctica esses ensinamentos são confirmados por todas as mensagens dos Mestres Ascensos da Grande Fraternidade Branca.

Mensagem dos Maias para o atual momento terrestre

A verdade é que vocês estão prestes a entrar em sincronia com a Galáxia e tomar consciência de seus irmãos e irmãs cósmicos.

Em breve, vocês conhecerão a verdade e a vastidão e diversidade desta vida em sua Galáxia e isso superará sua imaginação linear desta época.

Quando isso acontecer, não haverá nada que os impeça de se tornarem uma só família na Terra. De fato vocês nem sequer notarão mais suas diferenças. Quando vocês tomarem consciência de outras culturas de lugares que não sejam sua Terra, a comparação irá ajudá-los a perceber que os pontos comuns entre vocês serão muitos e suas diferenças poucas.

Vocês perceberão não serem tão diferentes, afinal e à medida que se tornarem uma família integrada, vocês poderão ajudar a apressar esse despertar e aliviar o fardo sobre a Mãe Terra, ampliando suas visões da Humanidade e vivendo juntos sem julgamento. Mantenham-se longe de seus preconceitos e programações de forma que possam ver que são todos feitos na frequência do Criador.

Vocês são uma raça solar, com essa simples constatação será iniciado o próximo passo rumo ao alinhamento galáctico. Vocês estarão a um passo mais próximo da telepatia universal com seus irmãos e irmãs cósmicos. Aqueles em seu sistema de governo, de saúde, educação, os que controlam vocês, controlando suas informações e conhecimentos sabem desses outros mundos e raças. Seus dias no poder estão contados. À medida que a verdade aflora, não podem impedir que assim seja nestes dias à Luz da Verdade.

Projeto portal para o futuro através da rede de cristal disco solar

SAUDAÇÕES no gesto Luz Universal, radiante de Paz a todos os Bem-Amados filhos.

Bem, o trabalho continua e trago a todos como Comandante da Frota da Confederação de Paz Intergaláctica, gratidão a todos os participantes do trabalho pela estabilização da Paz na Terra, de sua atmosfera e das condições aquáticas. Não tem sido possível nos comunicar com frequência, mas temos nos comunicado quando vocês vêm às nossas naves. Temos confiança de que vocês têm sentido a mudança do padrão energético principalmente após nos contatar.

Quero aproveitar a oportunidade de esclarecer a vocês o que está ocorrendo com sua atmosfera, padrões climáticos, etc. Nas áreas dos Polos Norte e Sul as atividades polares estão causando impacto sobre seus padrões de tempo e também sobre suas formas físicas, mentais e emocionais.

Em tempos passados, cientistas dos Estados Unidos, Alemanha, Rússia, Bélgica, entre outros que se encontram na região do Polo Sul, desenvolveram experimentos que resultaram em um raio muito semelhante ao que foi dado como o Raio de Partículas. Ele é observado como luz de cor azul que quando está direcionada para um objeto, sua ação produz um buraco no objeto, do tamanho do raio. Este dissolve tudo que estiver na linha do raio até a estrutura molecular. Por exemplo, o gelo será transformado em H_2O. A intensidade é, então, aumentada para produzir um raio de cor ametista que irá reunir as moléculas com um elo intensificado, de modo a produzir uma unidade mais forte que a original, isto é: gelo duro, para utilizar uma ilustração familiar, assim o ponto de ligação dos átomos para produzir as moléculas é fortalecido, intensificado.

Bem, a questão é que as experimentações foram conduzidas para desintegrar uma construção, um bloco de gelo desde sua estrutura atômica; com essas atividades no Polo Sul e no Polo Norte ocorreu um aumento de águas sobre seu Planeta e isso é demonstrado não somente como H_2O que provoca o aumento dos níveis de água, mas também como aumento de hidrogênio e do oxigênio. Isto, Bem-Amados, causa um desequilíbrio na atmosfera e no ar, do qual vocês dependem para respirar – quando eles na aquisição científica no experimento não se deram conta do impacto global que tal projeto iria causar.

Desde o ano de 1996, quando nos aproximamos dessas áreas polares para auxiliar na remoção do excesso dos elementos oxigênio e hidrogênio e também reduzir os níveis de água e restabelecer os níveis de gelo nas áreas polares, nossa proximidade alterou suas condições atmosféricas, até mesmo aumentando as tempestades em seu Planeta, provocando perdas de força à medida que sobrevoávamos, e quebras de campos de energias, e assim também foram afetadas as barreiras emocionais à medida que experienciavam a alteração atmosférica. Então, nossa missão não pôde ser concluída com o êxito esperado, e a alteração abrupta nos lençóis de água não está na sincronia com a mudança planejada.

Nós continuamos o trabalho, comandando naves que abrigam satélites que podem descer e assimilar o excesso de hidrogênio e oxigênio de sua atmosfera, além de reduzir um tanto da água para sua estrutura atômica e também assimilar esse hidrogênio e esse oxigênio, isto reduz o nível de água, além de remover o excesso também da atmosfera. Mas, quanto às rupturas em algumas áreas do Planeta, foi estabelecido que haverá muito menos do que se fosse permitido continuar em sua presente taxa.

No hemisfério Norte então haverá aumento da disponibilidade de água conforme as estações mudam de uma para outra. Nós procuramos minimizar o número de representantes Divinos envolvidos, limitando aqueles que irão tirar proveito da experiência de uma vida menor.

Este raio foi desenvolvido para, ao ser projetado diretamente em indivíduos, deixá-los imóveis ou para dizimá-los. Isso será realizado através do uso de Sistemas de Computador espalhados pelo mundo, ao ser apertada uma tecla que foi programada para uma função específica.

Isto é a continuação de um experimento anterior. Então desde lá, temos examinado todos os programas de computador que estão espalhados pelo Planeta para causar impacto sobre os indivíduos. Eles já estão programados para alterar o campo emocional dos seres humanos à medida que examinam cuidadosamente os vários tópicos e categorias de inspeção abertas.

O que posso dizer é que quanto mais sensível for um indivíduo para alteração energética, mais rápida será a resposta à programação emocional. É delicada a situação, pois este processo igualmente diminui a capacidade mental dos indivíduos. É um processo lento, mas vai provocar uma resposta robótica nas pessoas. Vocês verão, com o tempo, isso ocorrer.

Meus Bem-Amados filhos, o que queremos alertar refere-se aos experimentos de Controle Mental, esse Controle Mental está em uma escala global. Não é o tipo de comunicação que gostamos de fazer, mas você somente poderá alertar as pessoas cuidadosamente. Não acreditarão, é cedo para tal revelação.

O fascínio dessa máquina crescerá de forma assustadora e o homem mais uma vez não se dará conta que será controlado pelos arcontes. Todos vocês estão sujeitos aos poderes e influências inferiores, e a negatividade mascara a verdadeira realidade fazendo com que acredite apenas que a tecnologia, o modernismo é o crescimento evolutivo do homem.

Eles fazem com que a alma do homem terráqueo acredite no que esteja vivenciando momentaneamente em sua trajetória. Em razão de sua consciência limitada, a alma não consegue ir além dos seus cinco sentidos e os grandes governantes da sombra encorajam os cinco sentidos do corpo a buscar apenas a gratificação do prazer imediato, sem que se preocupe com o amanhã e assim desenvolve mais padrões cármicos na sua base biológica, que predispõe a alma a manter-se prisioneira.

Acreditem, esses governantes das sombras controlam a maior parte do corpo de vocês. Portanto insistimos, estamos recolhendo os nossos para educar suas almas com o Poder Superior, esta é uma luta constante, pois o seu estado dual está dentro de vocês e é um conflito com o qual se defrontam diariamente, mas do outro lado de seus estados emocionais limitados vocês têm as Forças da Luz convidando ao caminho da Fé, da Sabedoria, do Amor, das Realidades Superconscienciais.

Se de um lado vocês encontram os *Heimarmene*, do outro lado vocês encontram, se desejarem, o Cristo e Seu exército pronto para auxiliar com uma forte irradiação de Luz que se encontra dentro de cada um de vocês. Mesmo que ainda esteja sob os véus da ignorância esta luz está sempre pronta para brilhar em meio à escuridão, pois Cristo afirmou: *Sois a luz do mundo.*

(OBS.: Heimarmene é quando o destino está no controle de poderes que não são de luz, ou governantes caídos que têm mantido a Humanidade presa a um estado de não evolução).

Por isso, Bem-Amados, afirmamos: ajudem-nos a ajudar vocês, é necessário que busquem a Sabedoria Divina, o Poder de Deus, o Amor de Deus, a Graça, a Misericórdia de Deus e Sua Compaixão para libertá-los do poder das sombras. O Grão-Mestre de todos nós enfatizou que ninguém vai ao Pai senão por Ele; não há perdão para quem se desviar mesmo tendo consciência, e falou do crescimento consciencial do Eu Interior, ou *Conheças a Verdade e Ela Vos Libertará*, ou *Eu Sou o Caminho, Eu Sou a Verdade, Eu Sou a Vida*, ou a necessidade de bater à porta e buscar e estas se abrirão.

Sim, voltamos às revelações, vocês verão as oscilações cósmicas que vão dos polos para o centro da Terra. E então vocês saberão que não se trata do avanço só do gelo do Polo Norte para Sul, ou Sul para Norte, mas o próprio Planeta Terra estará deslocando-se ao mesmo tempo, para uma nova disposição geométrica e as possibilidades de sobrevivência serão poucas, mas existentes nas regiões polares. A força liberada fará com que a Terra gire em espiral rapidamente e a Terra busque encontrar seu novo ponto de equilíbrio bipolar. Muito em breve vocês e outros terão informações mais precisas a respeito em escrituras sagradas.

O que nos leva a fazer tal revelação é recrutarmos filhos da luz desejosos em desenvolver meios para o *PROJETO PORTAL PARA O FUTURO,* por meio da REDE DE CRISTAL DISCO SOLAR.

Todo trabalho visa criar Base de Luz, assim tem sido há tempos.

Creiam, gostaríamos que pudesse ser diferente, mas reflitam vocês também, estamos falando da remoção maciça de todos os padrões negativos da mente subconsciente, mais o reconhecimento de que a célula do seu corpo físico está sendo transformada em um novo corpo material, cuja vibração foi acelerada para a velocidade da luz.

Então, agora vocês compreendem porque esta transformação total e as reações em vossos corpos? Tais quais: superaquecimento do corpo, tontura, dores de cabeça, náuseas, perante abertura dos selos ou como conhecem, chacras. E quanto maior a resistência da alma retendo a transformação, maior o poder dos Controladores do Destino sobre vocês, por não estarem desenvolvendo uma reforma interna e um despertar de consciência.

Percebam Bem-Amados filhos, principalmente no que diz respeito ao equilíbrio das polaridades, como as pernas, abaixo dos joelhos, são partes do vosso corpo para seu autocontrole, então é a sua libertação e o apoiar-se sobre si mesmos. Percebam a energia voltando-se para cima, incapaz de se liberar com bastante rapidez para a Terra através dos novos chacras nas solas dos pés, causando com isso, sensação de eletricidade suave ou formigamentos, semelhante ao desconforto de quando a circulação é impedida de chegar a uma parte do corpo.

Estes esclarecimentos são para que vocês se cuidem fisicamente e busquem os meios de evoluir para acompanharem o processo sem sofrimento.

Pedimos a vocês que não se deixem abater pelos variados efeitos que seu antigo padrão de experiências negativas produz. A nova revelação é para libertar os átomos da alma na perenidade. Procurem entender a totalidade maior que vocês representam como personalidades. Dentre todos outros sistemas e planetas neste Universo vocês escolheram o Planeta Terra por causa das dualidades que se vivenciam aqui.

Vocês já vivenciaram em outros planetas e não foram capazes de revelar o grau de dualidade que existe na Terra. Escolheram vivenciar neste magnífico Planeta sabendo dos desconfortos que o aprendizado iria causar, mesmo porque, nada se aprende ou evolui no paraíso, pois este já está formado por Seres de Luz e compreensão que trilham lado a lado com o Criador.

Para que fique bem claro a todos vocês, as experiências e energias que foram liberadas no mundo, embora inicialmente destrutiva para qualquer energia que não estiver alinhada com o novo mundo de vida melhor e mais espiritual – essa energia divina liberada utilizada pelos filhos da Luz poderá realizar ideais elevados em prol da Humanidade, como o que é feito aqui neste momento e em todo trabalho realizado nesta plataforma.

Mas os valores verdadeiros e espirituais devem ser ensinados e aplicados à vida diária de vocês com consciência.

Muitos de vocês que trabalham com a luz sabem, e sentem a fusão para criar o novo Corpo Espiritual. Isto provoca desconforto por causa da transição dos novos átomos que se fundem para criar esse novo Corpo Espiritual através da espiritualização e dos estímulos da Energia Divina que pela iniciação espiritual é produzida.

Todos vocês que estão recebendo este comunicado passaram por isto, assim também muitos já passaram e outros estão neste momento passando, uma vez que de alguma forma iniciaram o *Caminho do Eu Sou*.

Na senda dos Senhores Cósmicos e Mestres Ascendidos é necessário que contem com a assistência deles consciente ou inconscientemente, nos planos interiores durante o processo de transformação. Recebemos os constantes chamados e os relatos de seus desconfortos físicos, emocionais.

Como que estas mudanças tão boas podem causar uma sensação tão ruim? Relatamos a vocês tudo isto para que compreendam o que está ocorrendo em seu Planeta, ou mesmo como os controladores de seu destino que até os dias de hoje operam para enfraquecê-los, fazê-los desanimar e desistir. Assim tem sido até o momento em que vocês decidem assumir o controle e permitir que a Irmandade que está ao *Ofício de Cristo* vos auxilie.

Toda essa liberação de energia do átomo vai mudar completamente a situação econômica e política do mundo e tudo será simplificado, ou melhor, tudo é para simplificar e livrá-los do pesadelo do vil metal (dinheiro).

A família humana deverá reconhecer-se universalmente e despertar para a necessidade de viver em grupos e mesmo desenvolvendo formas de convivências e trocas, e novos conceitos de educação que surgirão. Todos os setores mudarão para que a nova revelação seja dirigida ao desenvolvimento da consciência da alma.

Novas técnicas de cura surgirão; muitos são os ensinamentos e energia cósmica dirigida pela Irmandade da Luz, e asseguramos a vocês, esse intento de energia elevada enfraqueceu o poder das forças das trevas que estavam por trás dos poderes do Eixo da Terra. Isso inclusive causou deterioração no cérebro e no sistema nervoso das expressões físicas das forças das trevas, tornando ainda mais agressiva sua energia para destruir as mentes que se encontram sob seu poder.

Vocês assistiram ao aumento da criminalidade em vosso mundo devastador, as drogas, os sequestros e todo tipo de queda de vibração que a hierarquia caída tem controle. As forças da Luz aumentam, com a ajuda do Conselho dos Doze, responsável por esta missão. Mas para que este poder aumente e atue é necessário que cada um faça a sua parte, ancorando energia de luz.

A Mãe Celestial me intuiu telepaticamente

A cada um de vocês que se encontram reunidos especialmente hoje, a todos vocês que têm tido a responsabilidade e poder para realizar a parte da missão que lhes corresponde, sim, porque já este acordo irá sempre conosco nos níveis internos e sempre se tem passado as coordenadas necessárias. Enquanto seus corpos descansam, vocês têm sido recolhidos e participado das reuniões para quando reaparecerem as situações terrestres com lembranças internas mais avivadas, de seu dever e das orientações para suas decisões do dia a dia. Cada um de vocês aqui tem provado a capacidade de doar e são representantes da elevada Hoste Celestial patrocinada pela Bem-Amada Mãe Maria e por isso estamos aqui, abençoando neste momento, para reforçar a cada um de vocês a certeza e o convencimento de suas habilidades espirituais e para revesti-los de Luz, Força, Fé, com as virtudes que a nós compete de cada Raio que ocupamos.

Portanto, permaneçam firmes, unidos e conscientes da sua missão na realização destes rosários e não permitam que nada faça o riso desaparecer de seus rostos e sempre que puderem convidem outros para também terem a oportunidade de ser recolhidos, treinados, preparados por nós para bem mais viver a vida na Terra, enquanto assim for necessário e também de terem a Graça de ser um operário da Luz neste Grande Trabalho desenvolvido por vocês e por outros seres de boa vontade.

Mas acreditem, perante as necessidades de seu lar na Terra precisa-se de muitos milhões de voluntários.

E sempre que nos derem permissão para atuar e criar para vocês e através de vocês, vórtices de Luz para suas vidas contem conosco, pois é bom saberem que não nos envolvemos com pequenos detalhes da vida do voluntário na Terra. Vocês devem estudar as Leis Espirituais e os Códigos Divinos do Amor para ter perfeito discernimento e habilidade de resolver suas vidas e assuntos da melhor maneira possível com nossas bênçãos de Luz e Amor.

Isso nós podemos ofertar porque é verdade que os detalhes da vida do Comando da Terra afetam vocês e sua missão, sendo assim nunca estão sós, pois temos licença do Pai Celeste para atuar de acordo com o julgamento justo a um justo.

Despedimo-nos com estas palavras contidas nesta mensagem.

Nossos amados, irmãos e irmãs na Luz, saudação do sinal da Cruz Solar Crisostelar. Nossas mãos direitas estendidas abençoando a cada um de vocês, enquanto ouvem estas palavras ou as leem.

Bênçãos de Luz, Saúde, Harmonia, Entendimento, Compreensão, Alegria e Paz, sejam sempre com vocês.

Os que devem ouvir que ouçam; os que devem ver que vejam e estejam preparados e alertas para o chamado, pois o chamado chegará.

Digam a todos que ainda não ouviram, não viram.

Nós somos a Hoste Angelical a Serviço do Pai Celestial e sobre o comando do Comandante Jesus Cristo, nosso Amado Salvador Mundial.

Vejam como é necessário que seja a missão cumprida.

Alerte os demais irmãos e irmãs na Luz de Cristo Jesus.

Assim falou a Hoste Celestial neste dia de Festividade.

Invoquem sempre os Arcanjos e o Espírito Santo e lhes peça a ancoragem das suas dádivas.

Invoquem o Amor Divino, o Poder Criativo, a Sabedoria Divina e as dádivas do Pai, a compreensão dos seus Mistérios, a Linguagem Angelical e a ternura da Mãe Celestial, para que suas vidas sejam cercadas de Harmonia e Sintonia Celeste.

Em 2009.

Valdiviah.

A TODOS OS AMADOS IRMÃOS E IRMÃS NA LUZ DO ESQUADRÃO DA TERRA

FORMA DE PENSAMENTO E ATITUDE

URGENTE QUE A PAZ BROTE E FLORESÇA NA FACE TERRESTRE

Nós vos saudamos na Luz de Nossos Corações!

Em nome da Presença Divina EU SOU, queremos enviar conjuntamente as Poderosas Forças da Paz ao Mundo.

Vemos como a irradiação da Paz envolve todo vosso mundo, como toda Vida é atingida, transpassada e carregada com profunda Paz e a Divina Harmonia que ela contém.

Os Alunos da Luz deveriam viver sempre nesta harmoniosa irradiação. Nós vos conclamamos; deixai que a Paz exista em vós, senti-vos transpassados por ela, por sua força harmonizante. Também em vosso cotidiano isto é possível.

Se estiverdes em Paz, alcançareis uma alta vibração e estareis ligados aos Reinos Cósmicos e à Irradiação de vossos amigos – à Sua vibração e todas as forças que Eles guardam.

Amados, já sabeis que sem a Paz manifestada em vós ficam impedidos do "Eu autêntico" manifestar-se, mesmo em vossa busca dentro de si mesmos, pois vossa Consciência é o seu espelho, que possibilita a vossa visão de ver quem és, e se não houver Paz, isso não ocorre.

Paz é a palavra-chave para esta época. Portanto, executai vosso trabalho cotidiano sempre em Paz e, quando fordes alvos das agressões de vosso próximo, colocai-vos acima delas e dirigis a Irradiação da Paz a todos os acontecimentos à vossa volta. A verdadeira Paz não permite que exista desarmonia, portanto, se ela não estiver presente em vós ou à vossa volta, estareis desarmônicos.

Tratem, pois, de conquistá-la. A verdadeira Paz vos eleva sobre as baixas vibrações de vosso ambiente. E mantendo-vos em Paz, manter-se-ão junto a Nós, vossos amigos na Luz, para concluir vosso caminho.

Nós elevamos vossa vibração sempre que desejardes, entretanto, deveis estar em Paz. A Paz também pressupõe que irradieis Amor. Todas as vibrações harmônicas deveriam estar sempre em vosso mundo. Desta maneira, podereis estar acima dos acontecimentos, acima das imperfeições de vosso ambiente.

Não cremos estar exigindo demais dos Alunos da Luz, uma vez que seja para alcançar vosso próprio objetivo. Se continuardes a vos rebaixar pelas desarmonias de vosso ambiente, continuarás a dificultar vossos caminhos ao êxito.

Também Nós, vossos irmãos mais velhos, praticamos o exercício da Paz para alcançar Perfeição. Pois nossa Luz interior somente poderá expandir-se e brilhar, se estivermos em Paz. Vosso crescimento depende de estardes constantemente em harmonia.

Queremos novamente, para iniciardes mais um ciclo de vida, estender-vos as mãos para vos aproximar um pouco mais de nossos corações, Pura vibração que Nós guardamos. Lá poderá ser vosso lugar, se estiverdes na Paz de vosso coração.

A Paz é uma qualidade vigorosa que nada tem de indolência. Precisais de força para continuar em Paz.

Queremos amados filhos, por meio destas palavras, que entendeis aquilo que há muito Nós vos queremos dar. Além do despertar de cada um, auxiliá-los, por meio de vós próprios para que possais nos ajudar a envolver toda essa crosta terrestre, para que possamos equilibrá-la dentro de sua sintonia de Paz Verdadeira.

Por ser a Paz a tranquilidade, a suavidade de cada um, é estender a mão e deixar que cada um possa tateá-la, porque muitos estão ainda de olhos vendados em meio à guerra dentro de si próprios.

Amados, fomos feitos em vibrações de Paz, Harmonia e Amor. É preciso não ignorar que essa vibração nos foi dando o manto da própria virtude Crística. Sendo assim, se sois Humanos, também sois Divinos, então por que não acender a Luz da Paz definitivamente? Para caminhardes dentro dela, expressando a máxima da Verdade, da Pureza, onde eliminarão os grandes véus.

Queremos que nos ajudem a equilibrar o Mundo e para que isso aconteça, é necessário que penetremos profundamente dentro do nosso ser, em busca da verdadeira causa da guerra. Falamos-vos assim porque o dia de hoje é o dia de ontem. O tempo é apenas uma causa. E é dentro dela que devemos penetrar, procurando o motivo, o porquê de tantos conflitos e o porquê de ficarmos parados frente a eles, acusando e guerreando com o mundo fora de nós. E então perguntamos: Se tudo neste mundo é movimento constante, e nós permanecemos parados, será que existe algo errado dentro de nós? Ou existe algo de errado no mundo?

Procurem responder; foi depois da verdadeira resposta que conquistamos a verdadeira Paz em Nós, para pô-la em movimento agora para todos vós.

Queremos vos reafirmar que é muito importante que caminheis em Paz. Talvez a importância não fosse tão grande no dia de ontem, mas no dia de hoje ela é muito, muito importante. Por quê? Perguntareis com certeza!

Nós explicaremos: Porque o dia de hoje é o dia de amanhã, e o amanhã é o futuro e humildes Nós vos pedimos: Caminhai sim, iluminados por Nós, e vós pedimos para não qualificar de "Fraternidade", mas sim de "Unidade", porque Nós somos vós e vós sois Nós, integrados em uma Única Expressão de Energia, dentro de uma Força Máxima do Espaço Infinito, trabalhando em prol da Terra.

Vinde Amados, a Nós, dando-nos um pouco de vós, permitindo-nos que possamos dar-lhes um pouco de Nós para executardes vossa tarefa aí na Terra e Nós continuarmos a nossa do lado de cá.

Amados, *Vós sois a Luz do Mundo,* Sois Filhos que traduzem o sentido da Vida, o sentido das causas que movimentam todo o calor dessa Crosta Terrestre.

Sois os semeadores... Sois inconscientes, mas sois os semeadores que irão conquistar dentro de um sentido o valor de cada um de vós, e juntos o calor da Paz.

Sois a revelação da Verdade. Mesmo que busqueis fora de vós a razão da causa do movimento do mundo, não encontrareis se não buscais a razão da vida e da própria existência. Mesmo porque o sentido que ela representa é que dá a emanação da evolução do sentido de toda uma existência.

E para iniciardes mais um ciclo de vossas vidas, é o motivo porque a Fraternidade vos transmite estas palavras, não podendo vos mostrar a realidade de como somos, podemos vos dar o sentido do nosso calor, já que estais unidos a Nós nesta força emanada dentro de um plano já superior, proporcionado pela vibração Crística do Mestre dos Mestres, lhes dizemos em verdade, humildemente:

Procurai entender nossas palavras, banhai-vos dentro delas e purificai vossos sentidos. Penetrai dentro da vossa própria elevação e buscai a Verdade daquilo que estais ansiando de verdade, para este novo ciclo, para que não passeis sem concluí-lo existencialmente.

É o sentido do que sois, é o porquê do motivo que tudo se movimenta, traduzindo verdades e cada ano traduz uma verdade para vós. Entretanto, tantas descobertas a cada ano que passa, porque, então, o Ser Humano não se descobre a si mesmo? Por que ele descobre o mais difícil e não pode descobrir a si mesmo? É uma verdade que está aberta para todos, é o Céu que acoberta dando-lhes todas as planificações de Luz, dentro da Verdade Infinita.

Amados, vos falamos com clareza e liberdade para que não percais mais vossa existência sem realizardes vosso Plano Divino, por sabermos que é a Criatura liberta de opressões e ilusões que asfixiam o mental da Humanidade doentia.

E para vós do Esquadrão da Terra, Nós queremos que sua liberdade seja total, livre como o próprio ar que respiram. Queremos que sua participação seja sincera e absoluta e também sabemos que a Paz é a Única "Arma" que pode dar a Paz, porque ela é o Amor, ignorado por alguns seres humanos.

Ela é a esperança esquecida. Ela é a Caridade negada aos Irmãos terrestres. A Paz é uma fórmula que não foi compreendida, nem entendida por toda Humanidade, porque ela é além de ser uma causa.

Portanto, Amados, para esta nova Aurora, queremos que façam uma experiência com vocês. Determine os dias para a mesma.

Queremos que vocês se mantenham tranquilos. Emanem Paz e Harmonia... Amor, Alegria e Felicidade em torno de vocês e do seu Lar.

Queremos que vocês Sorriem... E que falem de coisas boas e considerem em torno de todos, todos os momentos tais quais momentos felizes da vida.

Queremos que os classifique como momentos felizes. Emanem mentalmente os aspectos positivos. Isto funciona como impulsos superelevados, captados do Plano Superior e concretizados em sua vida.

A semente que desperta é Vida dentro da própria Vida.

Amados, saibam absorvê-la e permita que os outros também a absorvam.

É preciso agir mentalmente nos puros anseios de que o Plano Superior vibre de acordo com a sintonia de quem o emana do concreto para o não concreto e este com sua força superior, atua se manifestando em Ação (Karma) para sua vivência concreta.

Seja um dínamo evolutivo. É só assim que o seu imã captará tudo que o Plano Superior quer lhe proporcionar.

Não adianta ser negativo. Isso só provoca revolta, porque é você mesmo, quando negativo, que repele tudo de bom que lhe é enviado.

Abra seu mental, tanto para emitir quanto para receber, e observe: para receber é preciso ser bem mais positivo.

Amado, escancare os portões do seu Templo. Veja e sinta quanta Luz pode iluminá-lo. Ela é toda sua. Use-a, saiba absorvê-la, pois que a mente superior não tem medidas para você.

Amado, não é preciso decorar o texto acima: apenas entendê-lo e aplicá-lo. Mas poderá conceituar alguns dos seus trechos.

Mentalizando em silêncio:

A semente que desperta é a Vida dentro da própria Vida.

(Nós) *Eu sei absorvê-la.*
(Nós) *Eu sei ofertá-la, porque EU SOU VIDA!*
(Nossa) *Minha semente de Paz é a Paz da minha Verdade, minha Ação dentro da Verdade, é a Justiça.*

O justo Poder é o Poder do Homem justo.

Faça esta experiência também com outras pessoas: Elimine seus medos, complexos, depressões, e não se queixe, transmita Energia e observe o resultado. O comportamento das pessoas junto a você será mais agradável e cordial. Você será um imã atraindo e transmitindo confiança. Sem bajular, faça com que cada um passe a gostar um pouco mais de si. E assim você observará que a guerra vai cessar e tudo passará a reinar em um clima tranquilo e equilibrado.

Assim amados, estaremos unidos no Plano de Ação e Expansão da Paz na Face Terrestre.

Se nós somos uma Unidade e não sabemos nos unir, estamos isolados, desunidos, divididos e diminuídos em consequência da nossa própria incompreensão, que nos impede da participação da Força da Unidade dinamizada pela soma e multiplicação. Se somos!

> Um por todos.
> Todos por Um.
> Um são Todos.
> Todos são Um.
> Eu e Meu Pai somos Um.

Amados, do Coração do Templo, onde pulsa a Chama da Ressurreição, desejamos que a essência destas palavras possa ser absorvida por vossos corações, para serdes vós mesmos um Templo Vivo da Ressurreição nesta e em todas as auroras novas de vossas vidas.

Sede envoltos pela Luz, pelo Amor e pela Paz de nossos corações. Que Raios Brancos e Dourados do nosso Templo abençoem todos os dias da nova aurora na Terra e no Espaço.

Abraços Fraternos!

Nós, vossos irmãos mais velhos!

Nave Mãe
Dezembro/10

Mensagem em poesia – Final

Mergulhados na essência vida de Deus
As almas dos homens adquirem novo brilho
A radiância da imortalidade brilha até este exato momento
Nos homens e mulheres de boa vontade.
Conheço bem os tipos humanos
O duro e o doce
Aqueles que deixam de lado o sentimento do amor
Em busca de um ideal
E estão sempre seguindo em frente
E aqueles que se comovem com todos os apelos,
Quase com o coração a chorar.
Ambos, em nome de Deus,
Misturam-se com os que seguem o caminho do meio
Eles parecem diferentes em método
Mas seu propósito é o mesmo.

Invoco a orientação de Cristo,
Que recebe a verdade sagrada e rejeita o erro,
Contemplando não a pessoa de cada homem
Mas apenas a dádiva do amor
Que ele oferece no altar
Como sua dedicação à Realidade.

Todos os laços terrenos deverão um dia terminar
Até a memória precisa deixar de sofrer.
Só então Deus poderá juntar, a partir do pó,

As almas vivas que, nos padrões do presente,
Verão a realidade do paraíso.
O mundo inteiro desaba,
No entanto, intrépido, a voz de Cristo
Reúne os devotos
Em novos alinhamentos de receptividade.

O perdão é concedido de forma indiferente
Quando a lembrança permanece
E a cada ativação do episódio
Aumenta a dor.
Perdoai e libertai
Aqueles que, por ignorância vos ferem,
Porque eles não sabem o que fazem.
Um dia, uma manhã mais clara vai alvorecer para todos.
Para os que conseguem ouvir, no entanto, eu peço:
Vivei a Caridade de Cristo,
Perdoai uns aos outros continuamente,
E segui em frente para a perfeição mundial e pessoal.
O dia já vai alto.
Levantai-vos.

Vossa Mãe Maria

"In Memoriam"

Quando a Mãe Terra se vestiu com as mortalhas do silêncio
e da solidão havia ainda um homem e uma mulher
Sobre a sua face flagelada.
Agonizantes, perdidos num MUNDO perdido,

Amaldiçoaram a sua dor coroada
Com os cogumelos atômicos;
Eram os últimos sobreviventes tremendo de frio e de horror.
Então a Mãe Terra, num último esforço
Da sua imensa ternura germinada da piedade,
Desnudou-se como se fosse uma virgem pura,
Deixou para trás no seu rastro as humilhantes mortalhas.
Em seguida vestiu-se com o maravilhoso Manto do AMOR
Numa PRIMAVERA ainda anêmica resplandecendo LUZ...
As nuvens no horizonte estavam rubras de vergonha
O ASTRO-REI sorriu e sua LUZ espalhou-se no INFINITO.
E foi assim que apenas um Homem e uma Mulher,
No meio do flagelo agonizante,
Amaram-se no triste ESPAÇO,
Perpetuando os novos rumos para a VIDA.
Foi um novo PRINCÍPIO... Ainda não era o Fim.

Polo Noel Atan – 22/02/80
(Pseudônimo de Pantaleão Antonio Aniello Perillo,
falecido em 28 de abril com 79 anos idade.)

Mensagem super especial para todos meditarem

As censuras do mundo de Luz dirigidas aos homens são oprimentes, mas ante o seu olhar cheio de amor muitos ainda poderão mudar, para absorver os impulsos necessários que virão com as mudanças.

Nós somos gratos a cada trabalhador da Luz que ajuda a aumentá-la nesta sombria estrela. Assim, as páginas seguintes deverão servir como iniciativas para o empenho cada vez mais intenso.

Desejamos a cada um que dirige sua visão a uma mente aberta para o encontro com sua verdade. Que ela se expanda pelo mundo com a bênção da Luz das rigorosas forças da ascensão dos Sete Raios.

Rompei os limites das vossas consciências, entrai na era da liberdade, abri-vos à Luz.

Mestre Seraphis Bey

O CONSELHO DOS DOZE PARA O ATUAL DIA CÓSMICO. DIA 21 DE DEZEMBRO DE 2012

A todos Selados, Ungidos e Ordenados desta Fraternidade Branca Crisostelar é necessário que fique clara na lembrança a palavra de toda Consciência Integrada na Unidade.

Um número relativamente pequeno de iniciados avançados passou por este Portal, mas esse movimento de poucos alcançou e têm alcançado em larga escala oportunidades de trabalho espiritual. Vocês todos selados nesta Ordem recebem ofertas de preparação para passar a Evolução Cósmica e de posições elevadas, para que, por volta de 2012, pudessem avançar sua evolução Cósmica a Caminho de outras dimensões.

Por esta razão foram oferecidos trabalhos espirituais, maiores conhecimentos através de estudos a informações elevadas do plano oculto da Luz Superior. É oportunidade para todos terem acesso a essas informações luminosas, pois é por meio desta forma de estudos que todos os selados ou não podem atuar trazendo até a Humanidade as informações do Núcleo Galáctico úteis ao desenvolvimento global e ao aumento da Luz em toda Consciência. Por esse razão cada um de vocês, selado de dentro e e de fora, deve ouvir e sentir as palavras do Grão-Mestre.

A todos vós, filhos do Plano Terrestre, que estais dando continuidade de vossos passos rumo à confirmação de vosso próprio reencontro, através da primeira iniciação, que deve ser encarada por vós como o princípio.

Sabeis que existem caminhos que vos conduzem a todas as direções sobre a face da Terra, mas há outros caminhos que não levam a todas as direções do próprio Universo.

Se nós estamos tomando um novo rumo, sempre é bom insistir que nos baseamos sempre nos limites máximos da sensatez da nossa própria compreensão, conscientes de que não será em vão o que vamos iniciar, mas sim, que estamos proporcionando uma oportunidade de assistir ao resplendor das Estrelas no chão deste Planeta Terra.

Então, estaremos nos erguendo, nos elevando à Essência do Princípio de nosso ser. E se nos erguemos tomando decisões próprias, estaremos também elevando nossos irmãos, porque nossos pensamentos são a permanente Comunhão da realidade da Fraternidade.

Pelo fato de seres os Escolhidos entre a Ordem dos Quarenta e Nove, que quer dizer 49 Ashrans Secundários de Cristo preenchendo vagas em uma das Sete Estrelas, a qual vocês todos pertencem. Doze Raios, Doze Tribos, Doze Chacras, Doze Portais, Doze Membros do Conselho, Doze Códigos dos Luminares, Doze Véus de Luz, para serem removidos. Doze pergaminhos Sagrados de Luz Ardente, que precisam ainda ser revelados, há muito o porquê dos sete, dos doze e dos quarenta e nove. Mas, mesmo pertencendo a todos esta Graça, vós não deveis vos considerar privilegiados na Crosta Terrestre.

Sois os privilegiados da Fraternidade.

Sois os que irão outorgar o Verdadeiro Humanismo Fraterno entre os Seres Humanos. Assim como ter sido para todos que ainda não se esqueceram de que é um Membro desta Fraternidade. Mas para isto, é necessário que cada um se erga, olhando para o céu, deixando de olhar exclusivamente sua própria imagem.

É o passo inicial da Fraternidade Humana na face da Terra. É o começo, quando ao Homem é permitido atravessar seu Universo, a caminho do Universo Infinito; vai descobrir mistérios que envolvem vidas e mais vidas, que cintilam como Estrelas.

É o momento de compreender que o importante é iniciar, é estabelecer um começo, um princípio, possibilitando a cada um as oportunidades de pesquisar dentro de seu Universo em busca da razão desta Missão Interplanetária.

Todos os que foram selados e virão a ser, são ungidos pelos Ordenados desta Fraternidade Branca. Portanto, deveis estar conscientes, deveis analisar todos os vossos atos para serdes admitidos e readmitidos como participantes da Grande Ordem Fraternidade Branca, através de tão Sagrado Ritual.

É um compromisso com a Fraternidade vinda de uma Lei originada de Vossos Irmãos Interplanetários.

Em verdade vos digo: Conscientizai-vos sinceramente, para que no dia de amanhã não haja as dúvidas daqueles que não ouvem, não enxergam, não reagem e não sentem, porque ignoravam a realidade das causas, em que espontaneamente se envolveram. Estamos nos dirigindo a vós e aos Seres Espaciais. É chegada a Hora da Revelação.

Sois os Corpos de 49 Seres, de 49 Naves, que estão dando a Flutuação Planetária na Face Terrestre. Tens recebido e continuareis a receber as coordenadas espaciais e ireis tomar decisões e colocá-las em prática, objetivando toda a Fraternidade Humana.

Estes são os primeiros passos e estamos aguardando o dia do Grande Ritual de quatro datas especiais, 25.07.2011, 22.10.2011, 21.11.2011 e 21/12/2012 pela Paz e Luz, que marcará, como no passado, o simbolismo determinado pelos Grandes Sábios, vindo há milênios.

É porque sabemos que devemos penetrar nesse Portal, que foi classificado como a "Razão dos Mistérios". Atravessando os tempos, observou-se que aquele Portal tinha de ser aberto e os "mistérios" deviam ser revelados, "mistérios" esses dos antepassados.

E eis que estamos colocando diante de vós "O Grande Portal". Ele para vós já não vos está sendo vedado. Não há "mistérios". Sua entrada é livre, suas portas estão abertas, pois que, na realidade "Ele" nunca existiu e, apenas foi na "imagem" que há milênios possibilitou que se provassem os chamados "mistérios" para as mentes ávidas de egoísmo esconder algo.

Hoje o ser humano já nasce sintonizado com o próprio Plano e tempo de Aquarius, sentindo a vibração do futuro.

Posso vos dizer que aquele "Portal" é o próprio Infinito. É o próprio Céu; é o próprio Universo. Mergulhai dentro Dele e vereis que não há " mistérios", mas sim, somente a imensa sensibilidade vos envolvendo e vos tornando leves, porque também, suavemente, estareis flutuando no Espaço.

Este é um esclarecimento relacionado com a vossa matéria, sintetizada na integração do Espaço. Contamos com a vossa compreensão e a vossa força de vontade com esta Fraternidade, reunida em todas as Mentes em sua Total Unidade com a Fraternidade dos Mundos Subterrâneos, Fraternidade Cósmica e Fraternidade Universal.

Talvez pergunteis quando lerdes ou ouvirdes este pronunciamento: "De onde vem a Voz da Fraternidade"?

Eu vos direi: "Nós Somos a Fraternidade desta Crosta Terrestre".

Perguntareis: "Onde Viveis"?

"Eu responderei: "Estamos nos Mundos Subterrâneos".

E perguntareis: "Que são os Mundos Subterrâneos"?

E Eu vos direi: "É o Mundo que foi reservado, que nos foi doado para darmos o impulso da sobrevivência desta Crosta Terrestre".

Nós Somos uma Consciência e toda a face terrestre é a outra Consciência.

Mas, sem esta Consciência da Fraternidade, a Face Terrestre não será completa na sua Consciência porque estão Unidades; a Face Terrestre na sua Força de Energia necessita ter uma Energia mais forte para sua permanência no espaço.

A Fraternidade, dentro do seu mundo, está vibrando com o Seu Espírito denominado "Fogo de Shamballah". É lá que vibram todas as sintonias do quadrante. É de lá que recebeis o calor do Grande Sol Central, que vem de um dos Seus Raios. É a Vida dentro da própria Vida.

Se hoje estamos vos dando a presença da Voz da Fraternidade, é porque assim foi determinado pelos Seres de outros planetas, que desejam se harmonizar com esta Crosta Terrestre, proporcionando-lhe também a tão sonhada Dimensão da Verdadeira Paz e Harmonia, com a perfeita edificação do Ser Humano, erguendo-os como Colunas onde vibra a Consciência Plena.

Não temos, nem é nossa intenção menosprezar a Fraternidade Humana. Queremos apenas que nos seja dada a oportunidade de agraciar todos aqueles que se erguem pedindo Misericórdia, implorando o Grande Milagre do Grande Espírito.

É nesta expressão, quando os homens e toda a Fraternidade se erguem, que se faz ouvir no Corpo do Universo, o Clamor desta Terra.

Eles virão sim – virão em Paz, em Harmonia, porque eles aqui irão depositar a Paz e a Harmonia nesta atribulada Face Terrestre, onde os humanos se afogam no próprio sangue, assolando, onde os homens já perderam toda a Consciência do Ser e desintegram a própria carne, duvidando da realidade de sua própria Essência de Vida.

E assim, desastradamente, colocam-se com a sua razão diante do Grande Espírito, negando na Grandeza da Realidade Evolutiva sua cosmologia para apenas, melancolicamente, concluir que a ação humana é sim razão. Esses esclarecimentos são para que presteis muita atenção ao motivo do primeiro passo que deram e que vão dar agora.

Pedimos que os ordenados façam as necessárias complementações.

De nossa parte desejamos que todos os seres selados meditem que sois os iniciados do Grande Arquiteto do Nosso Universo, obedecendo a uma Ordem Superior daquele que Governa vossos atos, em todas vossas células sintonizadas e coordenadas pela Direção Superior.

Se Sois na verdade Homens Universos, tendes de obedecer à sintonia do Conhecimento Interno dos movimentos relacionados com vossa própria vontade de ser.

Se sois ou desejais vos tornar discípulos desse Mestre deveis aprender também a Geometrizar vós mesmos, tornando-vos Perfeitos diante do Grande Arquiteto da Ordem dos Seres Espaciais, porque eles são Perfeitos. Eles são Divinos dentro da Grande estrela de Seis Pontas.

Eu vos digo. Os tempos passaram, mas a Ordem ficou por um único motivo: Ela não é da Terra. Ela vem do Espaço. A Terra é um Templo de Iniciação Humana. Porém, meditem nisso.

Que todos possam pedir a reativação e a reafirmação da Aliança de Fogo da Luz do Pai Celeste de volta.

Peça a reafirmação da Aliança de Israel e da Aliança da Luz e que cada um de vocês possa agir como modelo para implantação de conhecimentos Luz, responsabilidades maiores na Terra.

Nosso objetivo é a compreensão de todos. Para transformar espiritualmente a substância da Terra para Glória e Honra de Deus.

Que cada um saiba ser o eixo sempre equilibrado de sua própria Essência.

Esse é o mais puro significado do Graal.

Grão-Mestre da Grande Fraternidade Branca.

A revelação do Pai Celeste é urgente

Entendo que esta mensagem é para ser transmitida e fazer com que chegue a todos os selados, a serem resgatados, e também para ser usada no novo recrutamento.

No site, no e-mail, cartas, toda forma que pudermos de comunicação. Entendo que chegou a Grande Hora X da Missão.

É o acoplamento das estrelas, vejo nitidamente Estrelas de: 05 pontas, 06 pontas, 07 pontas, 08 pontas, 09 pontas, 12 pontas.

Vejo a edificação dos 04 pontos cardeais.

Entendo que cada um de nós deve ser esse eixo conscientizador e assumir nosso papel. Esta é a representação dos 04 pontos cardeais, que se transforma em um Universo, logos, individual, indivisível porque é parte da Grande Unidade Indivisível, o Todo.

É necessário descer a fim de absorver. Força para subir. É muito profundo. Tem coisas que consigo entender e tem coisas que não entendo.

Sacerdotisa da GFB

O complemento que posso fazer é que todos permitam que estas palavras sejam cânticos motivadores da Beleza e Grandeza de Deus e se permitam transformar-se em uma Grande Estrela para que trabalhemos em Luz como Estrelas da Terra com as Estrelas do Céu, até que possa ocorrer a Grande Síntese da Estrela Matutina de seis pontas, brilhando no Universo e pelo Amor o reencontro. Todos em Luz resplandecente, fazendo com que toda a Humanidade resplandeça transformada em Templo do Espírito Santo.

Abraços Fraternos a Todos.

Valdiviah

Sacerdote da GFB

Observar atentamente a Luz do Coração, o brilho diamantino da Mente Divina, que expressa de forma indelével a todos os seus Filhos Terrenos o Seu Amor Incondicional de Pai Eterno. Não são palavras somente, são vibrações da mais pura energia, buscando magnetizar os que deixaram de ter ouvidos moucos, os que despertaram em suas consciências e entenderam o real significado da palavra FRATERNIDADE e desejam servir e não ser servido.

Rogo ao Eterno Criador, Grandeza das Grandezas, que abençoe a todos vocês e que todos possam entender que este é o chamado derradeiro, final.

Desapeguem-se da materialidade, sem prescindir dela e a utilizem com Sabedoria para estarem no mundo sem ser dele.

Tríplices e Fraternais Abraços.

Mahrcos.

Mensagem de Mãe Maria
datada de 04.05.2009
(Profética)

Hoje, dia 04 de maio de 2009, perguntei à Mãe Maria, após fazer o rosário do fluxo eterno, agora às 15.00 horas. Pedi a respeito do agora, que estamos vivendo na Terra.

E suas palavras se iniciaram com:

– Arrependam-se e observem sua origem divina. Meu filho veio para dar sua noção a toda a Humanidade, o que seria essa Era. Veio para lhe dar conhecimento dele e instruí-los, para que quando chegasse o momento entendesse sobre tudo o quanto ele vos afetou e para que tivessem entendimento da Natureza do Mundo Espiritual. E principalmente ele quis que entendessem que existe uma única maneira de encontrar com Deus Uno – através de seus corações-mente. Portanto, diga ao mundo que busque o ouro que existe nos seus corações em vez de procurar o ouro deste mundo, eliminem a arrogância, os preconceitos, removam os pensamentos e sentimentos de ódio, hostilidade, vinganças. Purifiquem seus corpos pedindo a Deus que os ajudem a encontrar a Graça Dele.

Tudo o que lhes resta no eterno agora é o que Deus deseja de todos vocês, que todos retornem à comunicação e comunhão que havia entre cada filho e Ele no início.

Está tudo aí em cada coração, está presente desde o primeiro dia que foi colocado para vocês se tornarem um ser.

Toda riqueza de vossos corações não está perdida, apenas esquecida, apenas foi deixada de lado.

No íntimo de cada coração existe o sentimento do que é real. No íntimo de cada mente existe a conexão. Usem a sinceridade e a determinação e encontrarão Deus. É tudo o que no Eterno Agora deveis vos ocupar.

Ao invés de se ocuparem, preocuparem-se com os acontecimentos, busquem estar em paz, preenchidos de esperança em Deus e ele os fortalecerá através de Bênçãos medicamentosas contra todos os infortúnios. Não vos deveis ocupar com nada neste mundo, apenas estejais em Paz, Harmonia, para estais em Deus e com Deus.

Diante dos tipos de diversas tempestades que agora visitam a Terra, este é o Maior Milagre e Medicamento que posso realizar para atrair vossa atenção.

Uma vez mais, vos apresentei o Caminho de chegarem ao Infinito Amor e à Misericórdia do Pai Celeste.

Fortalecei-vos ainda, pois há mais tempestades por vir, não porque o fim do mundo está próximo, mas sim porque a Mãe Terra está em seu processo de limpeza, ela está muito doente e implorando a Deus por ajuda para se curar e se realinhar para entrar na Ordem Divina com todo o Universo.

A mudança, o crescimento, é tudo necessário, basta olhar para o processo evolutivo que cada vida tem. Assim, todas estas grandes mudanças garantem viabilidade ao Planeta.

Dedicai-vos o mais que puderes em orações, purificações de seus corpos pelos meios orientados, porque não é só o selo da Terra que está bastante contaminado e enfermo por químicas, mas toda a vida deste Planeta.

Libertai-vos do que puderem e buscai os meios de vida melhores para cuidar da saúde, meios mais naturais.

Valorizai a vida que lhes foi ofertada.

Um todo está entregue ao piloto automático, tornando-se apáticos e nem percebem o perigo, os riscos. Um exemplo vivo são as guerras em nome de Deus, famílias inteiras arrasadas por ganância, ódio, rancor, medo.

Por essa razão e outras, tudo que estiver contaminado terá de descansar para novos surgirem. Essa é a forma encontrada para livrar a Terra dos resíduos que representam perigo para todas as formas de vida. Muita destruição em todo Planeta e muitas boas novas surgirão.

O solo e todos os reinos foram atingidos, inclusive o reino humano. Mas a família humana ainda pode fazer muito.

Por isso rogo, continuai a orar meu rosário. Em cada hora que o realizai, uma alma, uma mente, um coração escapa do piloto automático e entrega o curso de sua vida a Deus.

Amados, estas palavras destinam-se a todas as pessoas que puderem alcançar, pois os acontecimentos que já estão ocorrendo, estão no mundo inteiro.

Todas as pessoas serão atingidas pelos acontecimentos que virão, direta ou indiretamente. A previsão desses fatos é de tamanha proporção que chega a ser inacreditável. Nenhuma pessoa da Terra deixará de ser atingida pelas mudanças.

As pestes, terremotos, erupções vulcânicas, tempestades, tudo com proporções inusitadas, especialmente as vulcânicas.

Os próprios céus informarão a vocês, os tremores de terra, os animais, os mares gritarão ainda mais. Os próprios governos terão de encarar esta realidade melhor do que estão fazendo.

Nem todas as notícias têm chegado às pessoas no momento. Escondem a verdade como sempre fizeram, e tantos serão os acontecimentos incomuns que será impossível ignorá-los.

Há muito acontecendo hoje no seu mundo e ainda haverá muitos outros, mas neste momento é o Vosso Eterno Agora de Paz, quando se está no Senhor Deus.

Transmita minhas palavras filhinha, e peça a todos que se concentrem na Esperança Espiritual e na Conversão Espiritual que todos devem realizar para sobreviver espiritualmente.

Deus é todo Amor e todos os seres do Universo estão cercados por este Amor.

Se lhe falta prova, tomem por esta, por eu poder vos falar. O Amor de que vos falo é tão maravilhoso, firme, grandioso, bondoso dentro dessa grandiosidade, ele tem atribuído a mim durante séculos a expressão de Sua amorável natureza.

E cada um de vocês pode expressar a natureza amável de Deus no mundo onde vivem. Deus Pai busca apenas um coração sincero e a devoção de uma mente confiante para estar em união.

Busquem Deus dentro de si mesmo. É o único lugar onde pode ser encontrado.

Sejam obedientes à Vontade do Senhor.

Que o Senhor vos guarde e abençoe e vos dê a Graça da Vida do Eterno Agora.

Mãe Maria.

Valdiviah
Em março/2010

Outros eventos relacionados e de suma importância: Complementação

DEZ/2010
TRANSFORMAÇÕES EM NÍVEL PLANETÁRIO, INDIVIDUAIS E COLETIVAS

Muito se tem dito a título do que conhecemos como previsões, acerca das mudanças e transformações que irão ocorrer neste plano, neste orbe planetário.

Tais previsões, muitas vezes, se não a maioria delas, são enganosas e absurdas, confundindo a mente dos incautos e daqueles que buscam informações precisas, oriundas de fontes fidedignas, muitas vezes por intermédio do que chamamos de "canais" respeitáveis, outras vezes, por seres humanos que, imbuídos de um propósito maior de levar a verdade que é recebida, se abstêm de tecer comentários pessoais, retransmitindo, pois, aquilo que a Luz da Verdade Absoluta lhe chegou à percepção pela expansão consciencial natural.

Não foi o Mestre Maior, Cristo Jesus que afirmou: *Conheceis a Verdade e a Verdade vos libertará* ou ainda que disse quando estava em julgamento pelo homem: *Aquele que ouve a minha voz, conhece a Verdade* ao que foi retrucado: *Mas o que é a Verdade*?

Então, porque sabemos que este Mahaavatar, o Filho de Deus feito carne, trouxe a palavra, "o Dabar" (Palavra) do Pai e esta é a Verdade, acreditamos, assim como temos Fé Convicta de que quando ela chega até nós, quer pelos ensinamentos antigos dos Profetas ou Seres de Luz da Grande Fraternidade Branca Universal (aqui sem nominá-los), incluindo-se os Irmãos Extraterrenos, então podemos e o fazemos, quando surge a oportunidade, levando tais informações, não com o intuito de infundir temor ou acelerar eventual descrença, mas sim, com o intuito de buscar o despertar consciencial inicial, a fim de que cada qual que sinta o chamado em seu coração una-se em pensamento, palavras, e faça aquilo que lhe compete.

Então, nós vemos, no dia a dia, mensagens nos jornais, nos meios de imprensa em geral, TV, rádio, noticiários muitos acontecimentos que recentemente eclodiram na Crosta Terrestre, o que já há muito vinha sendo dito.

Temos como exemplo mais próximo o Tsunami, que acarretou uma movimentação no eixo terrestre, a par do alto número de vítimas fatais, bem como cientificamente ficou provado que o tempo, o dia está mais curto.

Mas, o que mais está por vir? O que realmente poderá ou irá acontecer?

Esta pergunta vive no questionamento humano, pelo menos naqueles que se preocupam e buscam auxiliar de alguma forma, quer por orações, meditações, e outras ações tentam minimizar o resultado, que pode ser catastrófico.

Ouvimos já falarem sobre as profecias de Nostradamus, Edgar Caísse, Saint Germain, Mãe Maria, e outros tantos, o que passa até a ser preocupante.

Os Mestres Ascensos nos orientam que um determinado acontecimento pode ser evitado ou até mesmo minimizado, quer seja grave ou não, mesmo que já esteja decretado por

Leis Cósmicas Universais. Para isso, necessário que um grupo de pessoas, reunidas no mesmo espaço físico ou não, desde que movidas por comunhão de propósitos, façam um trabalho de luz, o que pode ser desencadeado de várias maneiras.

Se isso não acontece, então as forças cósmicas da natureza se movimentam e fazem por precipitar aquele determinado fato, que vem então, para manter o próprio equilíbrio energético do Planeta.

Estamos vivendo desde os primórdios, a emanação do 7º Raio de Luz, porque durante 06 dias o Pai criou e no 7º descansou. O 8º Dia eclodirá com a ultimação desta experiência terrestre, e chamamos o dia da Graduação (para alguns o Dia do Julgamento) e o advento da Era Messiânica, com o retorno de Cristo Jesus, dos Filhos da Luz.

Este dia está próximo, o dia da graduação terrestre, quando o homem será exaltado a novos patamares conscienciais, digamos a sua colação de grau (aprovação) na escola Terra ou diplomação deste reino experiencial (ou não).

O que ocorrerá àquele que se graduar e àquele que não o conseguir?

Bem, a Terra está sendo transformada e elevada. Este Planeta não é apenas uma montanha esférica gigantesca, inerte pairando no espaço, sem vida. Ela é a Mãe Terra, um Ser Vivo e em evolução, conhecido e chamado pelos espaciais de "GAYA", " PLANETA AZUL" e " SHAN".

O Seu processo evolutivo como Ser Planetário está se concluindo e a sua graduação também está por ocorrer, quando passará definitivamente da 3ª Dimensão para a 5ª Dimensão. Um verdadeiro salto quântico, assim também os humanos poderão fazê-lo.

Isso porque os fundamentos da própria cosmologia celestial estão sendo transformados à medida que o princípio e o fim se unem, o Alfa e o Ômega (Pai e Mãe) se consagram na Unidade.

Haverá durante a transição, isso no Orbe Terrestre, grandes transformações na China, Europa e América Latina.

Quando isso ocorrerá?

Bem, a Terra está localizada na borda da Galáxia e como tal, com a movimentação e do próprio sistema solar, está se direcionando para entrar em uma zona de magnetismo zero, um vazio no espaço.

Exatamente este vazio acarretará alteração no nível vibratório da Terra Ex: é como a pedra caindo sobre a superfície da água.

Com isso, os pequenos ciclos se encerram e um Grande Ciclo se inicia, culminando com o alinhamento ou o próprio deslocamento das Constelações nos Céus. A prova bíblica do que está sendo dito está em Isaias 66: capítulo 22: *Haverá novos céus e uma nova terra.*

Este deslocamento é aquilo que conhecemos como "Kali Yuga" para entrarmos na "Satya Yuga", idade de Ouro.

A respeito, a ciência sofrerá uma Grande Transformação, chamando-se então " Ciência da Geologia Cataclísmica".

Mensagem do dia 23 de outubro de 2012

No Grupo Healing, Mãe Maria, El Morya e Saint Germain:

Nossa Senhora, Mãe Divina, deu-me a visão de dois futuros alternativos: primeiro, um futuro de esperança, de Luz, se todos os filhos e filhas de Deus Pai fizerem a caminhada interna; segundo, uma visão e orientação acerca da probabilidade de guerras, derramamento de sangue, uma repetição do que já tivemos no passado e que tudo pode ser evitado através da intercessão divina e do trabalho de invocações, orações às forças de Luz.

Assim nos disse sobre o perigo da grande guerra, bem como de desordens internas dentro de nosso país, prestes a ocorrer e se nada for feito, material e espiritualmente para deter as forças da escuridão antes de começar.

É preciso que a Humanidade desperte e faça sua escolha. Unifiquem-se aos que escolheram vida, para afastar as profecias negativas citadas em outras mensagens de muitas aparições dela por todo o mundo ou se mantiverem condenados a repetir o passado e, então, ela continuou a dizer que se essa onda de trevas abater ainda mais a Terra, estas manterão todos por mais tempo aprisionados até séculos futuros, lembrando-nos de quanto tempo nossa alma está aprisionada pelo próprio carma, ora procurando superá-lo e equilibrá-lo, portanto a Humanidade não deve desperdiçar a oportunidade em que está e se dedicar à transmutação pessoal e planetária, transmitindo para todos que se aproximam as dores, a escuridão e ai daqueles que ficarem presos ao ciclo de trevas, uma vez que o ciclo de instala, o desabamento do carma da Humanidade não pode ser revertido até o ciclo terminar, portanto disse para escutarem com atenção, pois assim alguns chegaram ao fim do ciclo cármico para iniciar um novo ciclo, e que fosse dito a todos as suas palavras: Todos tendes ainda uma oportunidade, mas agora é única, para se limpar do velho carma e reconstruir novamente uma história como todos os presentes estão a fazer. As portas ainda se abrirão para o que desejarem e quiserem, com fé e força de vontade se renovar e transmutar tudo o que é negativo, acentuando tudo o que é Luz até estarem completamente livres. Vale a pena, afirmou, vale a pena trabalhar pela Luz e liberdade, pedindo para dizer a todos. Disse então: Orem cada qual o seu credo, mas orem. Somente a oração, as invocações poderão fortalecê-los e mantê-los protegidos e aumentar o poder e as energias positivas. É necessário um esforço tremendo por parte das almas a fim de que despertem para purificar o mundo. Todos aqui sabem quão difícil tem sido para se manter em equilíbrio – imaginem se acontecer o cataclismo planetário se esta for a solução do Pai Celeste e da Natureza para os abusos que a Humanidade tem feito dos seus recursos materiais e espirituais – fora o pesadelo já autocriado pela Humanidade devido a suas escolhas.

Disse mais: que aqueles que a estavam ouvindo através desta filhinha e trilham na senda dos Senhores de Luz Ascensos, pediu que coloquem à disposição estas palavras em livros, fitas, como puderem e convidem todos filhos e filhas de Deus a participarem e se unirem em uma só voz para orar em prol da libertação da onda de trevas. Não deixem que esta Terra venha a cair em uma Era de trevas. Concluam esta Era em liberdade e luz, para que se rompam as correntes. Todos unificados não só podereis evitar cataclismos, mas também acelerar a onda de iluminação do mundo. Intensifiquem os decretos do Raio Violeta e do Raio Azul, para conseguirem se manter à frente da avalanche do Carma mundial. Apanhem a onda de luz. Avancem em nome do Cristo Jesus. Deixem a luz devorar as trevas antes que as trevas se tornem físicas.

Ainda Nossa Senhora continuou a dizer que a Humanidade tem até muito tempo se permanecer na luz, pois o tempo de escuridão se aproxima muito rápido. O tempo que o amado Jesus Cristo concedeu para os habitantes da Terra está se findando. Só lhes restarão contar da época em que estão menos de dez anos, bem como de toda a hierarquia angélica, do seu sistema solar cumprir a missão. Toda a hierarquia de Luz como conhecem, assumiram a missão e se empenharam na manutenção da Paz entre todos os povos e nações terrestres, para que pudessem ingressar na comunidade planetária do Sistema Solar como no mundo dos regenerados que se aproxima como sabem (21.12.2012) e junto da hierarquia, centenas de almas encarnadas assumiram a deliberação do governo espiritual da Terra para serem guardiães, orientadores da Luz, na responsabilidade de manter a Paz na face terrestre. Uma das maiores missões que o Amado Governador Espiritual Jesus Cristo deliberou foi que todos aprendessem a se suportar e a respeitar as diferenças entre si, ao invés de lançar uma guerra de extermínio nuclear.

É por isso que ela disse estar apelando mais uma vez, pois, o tempo está se esgotando e ainda o bom convívio e a Fraternidade não estão completos, de nação a nação, povos a povos, uns com os outros como deveria se, obedecendo à máxima do Cristo: *Amai-vos uns aos outros como vos amei e o Pai que está nos céus vos ama*. A vida na Terra está dependendo do estabelecimento da Paz em todos os quadrantes da face terrestre. É disso que a Terra depende para ser admitida na Comunidade Planetária do Sistema Solar, como um Planeta regenerado.

Vocês tiveram e continuam a ter muita assistência espiritual, inclusive o Amado Jesus Cristo já autorizou os irmãos de outros planetas mais evoluídos a se apresentarem abertamente, oferecendo tecnologias avançadas na fabricação de aparelhos para facilitar o contato com o mundo, até mesmo em técnicas avançadas de espiritualização através de conhecimentos de muita Luz para auxiliar na evolução e ascensão planetária. Mas ainda assim alguns insistem em tomar decisão de trilhar um infeliz caminho de escuridão.

Assim, pediu que fosse assinado um compromisso com ela de levar estas palavras, seu apelo a todos os corações, bem como orar, porque o Senhor é o Pai e como Pai não deixou e nem vai deixar seus filhos e filhas desemparados, mas é preciso que seja pedido para Ele vos atender. É preciso que seja abandonado tudo o que é falso, pois só ele, o Pai, é verdadeiro.

Disse assim: *Aguardo com Amor a hora do nosso retorno, pois é o que nós todos, os servos do Senhor, dos Senhores de Luz Eterna desejamos, retornar e ver como a Luz aumentou, a Paz reinou e as trevas se afugentaram.*

Eu como Mãe, inclino-me diante da Luz que existe em cada um dos filhos e filhas do Senhor Deus Pai.

Acredito na Centelha Divina em cada um, para juntos realizarmos esta Graça, para a glória, honra e vitória do Senhor dos Senhores.

Alinhamento dos Chakras

CHAKRA ESTRELA DA TERRA – Pés (peito e Planta)
Raio Azul Índigo - Prateado

PRIMEIRO CHAKRA – RAIZ ou BÁSICO – Base da Coluna Vertebral – Cóccix
Raio Branco

SEGUNDO CHAKRA – SEXUAL – 03 cm abaixo do umbigo
Raio Violeta

TERCEIRO CHAKRA – PLEXO SOLAR – Estômago
Raio Ouro Rubi

CHAKRA DO DIAFRAGMA – Plexo do Logus – ao lado esquerdo do estômago – Glândula do Diafragma
Raio Dourado

QUARTO CHAKRA – CARDÍACO – Coração
Raio Rosa

CHAKRA DO TIMO – Cálice da Essência – 04 cm acima do Coração – Glândula do Timo
Raio Rosa Violeta

QUINTO CHAKRA – LARÍNGEO – Garganta
Raio Azul

SEXTO CHAKRA – CHAKRA FRONTAL – Centro da Testa – Glândula Pineal
Raio Verde

CHAKRA ESTRELA DA ALMA – CÁLICE SUPERIOR – 04 cm à frente do Coronário
Raio Branco Cristal

SÉTIMO CHAKRA – CORONÁRIO – alto da Cabeça
Raio Amarelo

CHAKRA DO SONHO – Mônada Superior – Nuca – cérebro – Glândula Pituitária
Raio Violáceo

Cronograma da Operação Disco Solar

dia 07 – de cada mês

Dedicamos o trabalho para o Despertar Individual de todas as estrelas adormecidas por todo o Planeta.

Cerimonial dedicado às Mestras Ascensionadas.

Após a limpeza com o raio violeta e decretos.

Visualizar acima do Planeta um disco dourado como um grande sol, dentro uma rosa rosada e no centro da rosa, o coração. E acessar a chama trina nas cores: azul, dourado e rosa. Vejam e sintam as vias cósmicas descendo de dentro do coração do Grande Sol Central, passando pelo coração de Hélio e Vestas e de nosso sol Físico, perpassando por todo espaço, dirigindo-se aos seus corações e de toda a Humanidade, e ascendendo às consciências e alinhando todos os chakras. Tudo se requalificando na luz. Sinta Luz, Paz e Amor e afirmem:

"EU SOU A RESSURREIÇÃO E A VIDA DO DISCO SOLAR DIVINAMENTE MANIFESTADO NA HUMANIDADE". (por 09 vezes).

Dia 08 – de cada mês

Dedicamos o trabalho a todo o Sistema Social da Humanidade.

Cerimonial dedicado aos Senhores do Manto Dourado.

Celebramos a Unidade com o Amado Anjo da União Micach e com nossa Presença Crística Planetária, visualizando e celebrando o Raio Branco. Visualizem uma aglomeração de pombas brancas levando para todo o Planeta Terra e seus habitantes a renovação, a ressurreição, a vida, a paz, o amor, a luz, a saúde e todas as bem-aventuranças. Mentalizem uma taça de substâncias brilhantes sendo derramada na consciência de toda a Humanidade, equilibrando o mundo cotidiano e todas as suas atividades e as atividades de um todo.

Afirmem:

"EU TODA A HUMANIDADE, CEDEMOS À VONTADE DIVINA MESMO EM MINHA ASCENSÃO NA LUZ, POIS ELA NOS CONDUZIRÁ AO VERDADEIRO EQUILÍBRIO E SINTONIA COM NOSSA CHAMA GÊMEA E NOSSAS FORÇAS SERÃO ASSIM MUITÍSSIMO INTENSIFICADAS.

EU SOU A RESSURREIÇÃO E A VIDA DA ORDEM CÓSMICA DO DISCO SOLAR MANIFESTADO NA HUMANIDADE". (por 09 vezes).

Dia 09 – de cada mês

Dedicamos o trabalho às autoridades governamentais. Cerimonial Raio Azul, dedicado aos Elohin Construtores de forma.

Os Elohin construtores das formas alinham fisicamente o Disco Solar dentro da Espinha Dorsal do Planeta, reconectando a Humanidade à Presença Solar dos 07 raios. Do mesmo modo no Planeta e em toda sua Humanidade. Visualizem uma grande pirâmide azul de luz e proteção, e em seguida, mentalizem o sol acima da Terra e acima de suas cabeças.

Depois visualizem um fio dourado entrando pelo centro coronário do Planeta, perpassando por toda coluna. Toda esta sensação também em vocês e em toda Humanidade. Vocês têm a certeza que está tudo limpo, desobstruído. Depois, impulsionem esta energia até os dois pés, atinjam o chakra Estrela da Terra e vão até o centro da Terra com essa energia. Lá, vocês encontrarão o Fogo Violeta queimando e transmutando, sem parar, o carma de toda vida na Terra, girando incessantemente em sentido anti-horário. Agora, substituam pelos Raios Rosa e Dourado até que vocês visualizem tudo em luz. Quando esta visão ocorrer, vocês vão subir essa energia e, então, visualizar cada chakra na cor correspondente aos sete raios.

Afirmem:

"EU SOU A RESSUREIÇÃO E A VIDA DO PLENO SER SOLAR EM AÇÃO AQUI E AGORA, PARA LIMPEZA E ALINHAMENTO DOS MEUS CHACRAS E DOS CHACRAS DA TERRA E SUA HUMANIDADE".

Dia 10 – de cada mês

Dedicamos o trabalho para toda a Humanidade para a dissolução dos pensamentos subjetivos e pessoais para livrar-se de todas as limitações.

Cerimonial aos Diretores do Raio Violeta.

Dedicamos a Saint Germain o pleno Momentum acumulado de liberação espiritual desde o sol.

Visualizem a Santa Ametista em uma aura de intenso fogo violeta, o qual cobre totalmente a Terra, com sua atividade sempre ativa de transmutação, e cada pequena partícula de luz forma um manto com minúsculas cruzes de malta. As vestimentas das pessoas, os invólucros dos habitantes de todos os reinos de desenvolvimento na Terra e também a própria Terra estão transpassados totalmente pela substância do mundo de Santa Ametista, cristalino violeta.

Afirmem:

"A TERRA É NOVAMENTE UM LUGAR IDEAL, PORQUE O PLANO CÓSMICO DE DESENVOLVIMENTO SÓ CONTÉM A PERFEIÇÃO.

EU SOU UM GUARDIÃO DO DISCO SOLAR.

EU SOU UM SER DE LUZ.

EU VIVO NA LUZ. A HUMANIDADE VIVE NA LUZ.

EU SIRVO A LUZ. A HUMANIDADE SERVE A LUZ.

EU SOU PROTEGIDO, ILUMINADO, SUPRIDO E AMPARADO PELA LUZ.

EU ABENÇOO A LUZ, EM TODA PARTE DO UNIVERSO E DO PLANETA TERRA".

Dia 11 – de cada mês

Dedicamos o trabalho ao Despertar Planetário. A Mãe Terra completa seu corpo de luz, Unicidade plena de cada um para a compreensão da própria natureza e o conhecer dos planos do Criador.

Cerimonial dedicado a Cristo Cósmico, ao Senhor do Mundo. Senhor Lord Maytreia, o Cristo Cósmico, ao senhor do Mundo, Lord Jesus Sananda, o Cristo, Lord Gautama e Lord kuthumi.

Após silenciar, mantenha uma postura ereta.

Visualizem todos os seus corpos envolvidos em uma luz branca cristalina, do mesmo modo o Planeta e sua Humanidade. Imaginem agora que seus corpos sejam um cálice de cristal puro, a Terra e a Humanidade também. Mantenham esta imagem por 5 minutos, depois reconheçam e sintam profundamente a ligação entre o seu ser e a Poderosa Centelha divina em vocês e em toda Humanidade. A imagem que vocês têm do Planeta e das pessoas é que vocês se encontram em um Planeta de cristal. Em seguida vocês veem em sua direção, no ponto central do coração, um sol Dourado, do mesmo modo no Planeta e em toda a Humanidade.

Sintam como a Divina Luz expande o Santo Ser Crístico de cada um. Sintam o brilho da luz por toda parte. Mantenham esta imagem e vão respirando profundamente e afirmando:

"EU SOU LUZ, ONDE EU ESTOU EXISTE LUZ, EU SOU UM GUARDIÃO DA LUZ SOLAR.

EU SOU LUZ, EU SOU CONSCIÊNCIA DIVINA, TODOS SOMOS CONSCIÊNCIA DIVINA EM DIREÇÃO AO CUME DA MONTANHA DA ILUMINAÇÃO DIVINA".

Agradeçam. Aceitem somente esta condição de vida Divina.

Dia 12 – de cada mês

Dedicamos ao Coração Cósmico na fisicalidade, a chamada passagem de transição das espirais evolucionárias da Dualidade para a Unicidade. Passagem de transição aberta até 2013. Vale a pena a vocês saberem um pouco mais e como cooperar com a Luz em prol de sua evolução e da evolução de toda a Humanidade.

Cerimonial dedicado aos Deuses solares.

Dedicamos ao Deus e à Deusa Meru, do Sagrado Monte Meru. E a Humanidade recebe, para a sua guarda, o DISCO SOLAR.

Então, meditem e contemplem por um momento a Luz solar. Aos poucos, deixem esta vibração Dourada atuar por toda Terra e sintam a vibração dourada por toda parte, e o despertar do sono secular de suas consciências se propaga... Assim, o disco Solar estará envolvendo todos que estiverem preparados, todos receberão bênçãos especiais. A chama Dourada apressará os preparados a receberem as dádivas de amor, bem como os locais do Planeta Terra preparados para receber a dádiva de amor. Então, os locais e os filhos preparados tornam-se um poderoso Foco de Luz no mundo terráqueo, um centro da Divina Virtude do Coração dos Pais solares.

Afirmem:

"EU SOU A PLENITUDE DO PROPÓSITO CÓSMICO DO DISCO SOLAR MANIFESTANDO-SE NA TERRA.

EU SOU O SOL EM AÇÃO AQUI, EXPRESSANDO-SE COMO A MINHA CHAMA DE SER SOLAR.

EU SOU TODO O SEU AMOR, SABEDORIA E PODER EM AÇÃO AQUI, AGORA, PARA SEMPRE.

EU SOU O CORPO CAUSAL SOLAR SOBRE A TERRA SUPRINDO CADA QUALIDADE DIVINA, EM QUALQUER SITUAÇÃO QUE FOR NECESSÁRIA.

EU SOU DEUS EM AÇÃO DENTRO DA HUMANIDADE OU CONSCIÊNCIA CRÍSTICA EM CONTROLE DESTE PLANETA, OUTRA VEZ. ESTE MEU PRÓPOSITO NO QUAL EU SOU COMPLETAMENTE CONFIANTE EM DEUS, EU SOU O RETORNO DA TERRA E DA HUMANIDADE NA SUA LIBERDADE SOLAR.

EU SOU O EU SOU. ASSIM É COM TODO O PODER E AUTORIDADE DA AMADA PRESENÇA EU SOU".

Dia 13 – de cada mês

Dedicamos à abertura da energia da Liberdade, em que toda a Humanidade se completa através das oportunidades e continuidade do seu processo de ascensão.

Cerimonial aos Bem-Amados Diretores do Raio Ouro--Rubi e ao Espírito Santo.

Dedicamos à Mestra Nada e ao Poder do Espírito Santo e conhecemos a supremacia do Amor Incondicional e a Paz.

Visualizem como penetra através do Cordão Prateado da Terra a caudalosa Força da irradiação dourada oriunda do Sol. Vai perpassando o Planeta Terra atingindo os seus cordões de prata.

Agora a sintam preenchendo a trajetória de seus nervos com o vigorante Fogo da Luz Ouro-Rubi que se derrama em cada célula do Planeta e de seu corpo físico. E vejam seus corpos sutis totalmente luminosos e todo o corpo sutil da Terra e de sua Humanidade. Esta Luz Ouro-Rubi se estende e se expande cada vez mais intensa e poderosa para que possam, a cada instante, se a Rosa Rosada a amar e com seu perfume balsamizar, emanar a todos com o Poder do Amor e da Paz.

Afirmem:

"EU SOU COM TODO PODER E AUTORIDADE DA AMADA PRESENÇA, EU SOU GUARDIÃO DO DISCO SOLAR, CARREGO E EMANO CADA PALAVRA E ATO COM AMOR, ILUMINAÇÃO DOS MESTRES ASCENCIONADOS.

COMEÇO TODOS OS DIAS COM A BENÇÃO DE MINHA PRÓPRIA PRESENÇA, EU SOU COM PAZ, PRO-

TEÇÃO, ILUMINAÇÃO DAS LEGIÕES DE LUZ PARA CADA VIDA COM QUE DIARIAMENTE EU ENTRE EM CONTATO, EU DERRAMO ILUMINAÇÃO, LIBERTAÇÃO E SUBSTITUIÇÃO DE TODAS AS FALSAS APARÊNCIAS PELA VERDADE EM UNIDADE COM O PRÓPRIO CRISTO SOLAR, EU SOU A CAUSA DESTA BENÇÃO DO ESPÍRITO SANTO, EU SOU A PONTE A QUAL ELA FLUI, EU SOU SEU EFEITO E RESTABELECIMENTO DA DIVINDADE E O PLANO DIVINO MANIFESTADO NA NOVA TERRA, EM SEUS NOVOS CÉUS. EU SOU UM GUARDIÃO DA CHAMA SOLAR, EU SOU HUMILDE ANTE SUA MAGNÍFICA PRESENÇA E GRATO POR LIBERAR SEU PODER DE AMOR E PAZ E LUZ SOBRE A TERRA.

EU SOU COM O PODER DO ESPÍRITO SANTO EM AÇÃO NA NOVA TERRA".

Respirem profundamente algumas vezes e voltem ao seu estado de consciência e natural.

Dia 14 – de cada mês

Dedicado à Vitória da Era de Aquário, à descoberta de cada um, à totalidade do ser, testemunhando em suas visões internas a reunião de astronaves jamais vistas, um corpo vivo de luz cristalina, lançado ao espaço. Este veículo, amigos guardiões do Disco Solar, que na verdade está sendo construído por todos que farão parte dele.

Cerimonial dedicado ao Guardião da Chama Eterna, o Amado Kenich Ahan, o Comandante do Grande Disco Solar.

Dedicamos ao Amado Guardião da Chama eterna Kenich Ahan e consagramos nossas energias para sermos guardiões da custódia sagrada para este Planeta.

Sede envoltos, agora, com o manto protetor das irradiações do Templo do Sol, eu vos trago a Chama Dourada e gostaria de preencher vossas consciências com as irradiações da Iluminação Divina a fim de que ao expandi-las, mais e mais, ou seja, captar as recordações de vossos estudos no Reino Celestial, inclusive sobre este assunto, o que proporcionará maiores facilidades na execução de vossa tarefa aqui na face da Terra. Para despertar lembranças é preciso que vosso Cristo interno assuma a liderança. Somente ele pode manter o domínio e trazer à vossa recordação aquilo que é importante, proveitoso e vos auxilia no conhecimento mais amplo e aquilo que não vos serve ficará no esquecimento. Desejamos preparar discípulos responsáveis e de boa vontade, com decisão e sem quedas constantes ou desânimo, para trabalharem reciprocamente com os amigos da Luz, não apenas nas horas vagas.

Amados Filhos do Sol, foram dados os primeiros passos rumo à eternidade, vivei eterno agora não mais no passado, tudo que algum dia existiu já passou e não recordeis dos atos passados.

Todas as sombras e a ignorância que são efeitos de causas do passado e que ainda chegam a vós devem ser consumidos e sublimados pelo fogo violeta. Também não deveis pensar em vosso futuro, e pensar somente na meta de vossa luz cintilante, que desejais alcançar.

A Luz Divina que zelamos aqui na face da Terra é o mais poderoso foco dos imponentes Deuses Solares, Hélios e Vestas, e agora, bem-amados filhos, vós fazeis parte de zelar junto a mim e à Fraternidade. Creio que não se faz necessário reafirmar a importância de cada um de vós discípulo que se prontificaram a colaborar neste projeto. Por hora, não há necessidade de prestar maiores esclarecimentos, cabe a cada um de vós adquirirdes a visão ampla e nítida de vossa própria responsabilidade e cooperar, incentivados pelo impulso interno do amor incondicional.

Eu Abençoo vosso esforço e coloco o MANTO DO AMOR sobre vossos ombros, para proteger vossa luz interna que se expande, a fim que a sua Luz luminosidade seja visível. E creiam todos que aqui estão, percorrem caminho certo, pois existem vários caminhos, porém somente uma única meta, e esta, todo buscador da luz algum dia irá encontrar como vós todos aqui.

O Caminho a percorrer pelos colaboradores da evolução da global vida Terráquea – este é o caminho real. Eu vos abençoo pelo poder do Único DEUS e pela Força da chama Eterna.

Quero estar ao vosso lado e auxiliar-vos agora e sempre. Vinde, todos vós, ao templo da iluminação onde a Força Solar irá estimular cada vez mais vossos dons internos.

Agradecimento Especial

Especial agradecimento ao artista Albe Pavese que com extrema sensibilidade transportou-se em consciência a outro patamar de evolução, captando, como ninguém neste Planeta, a expressão da energia do Mestre Solar Kenich Ahan, como vemos na representação Face sobre a Pirâmide, retratada na pintura que é a capa deste livro, e cuja autorização para utilização foi cedida de forma gentil pelo autor, cujo objetivo é promover a iluminação da mente das pessoas.

Solicitamos que, em respeito aos direitos autorais do artista, não seja utilizada a imagem de seu trabalho em exibição, projeções ou extração de cópias, sem consulta prévia e devida autorização, sob a pena da Lei.

Valdiviah.

Centro de Luz de Kenich Ahan

Em Yucatan (México)

A Radiação da "Chama Dourada da Luz Eterna", na forma dos doze aspectos da Divindade, está centrada no Foco Ardente no monte Uxmal, no México. O guardião desse Centro de Luz é o grande KENICH AHAN, que antes da nossa Era estava encarnado e regia a atual província de Yucatan.

O Monte Uxmal, por fora, é apenas um morro comum, porém, em seu interior ainda estão conservados restos de antigos templos. A entrada ao interior do morro está escondida por uma singela choupana Maia.

O aluno que quiser visitar esse Foco Ardente será primeiramente examinado quanto ao objetivo de sua visita, antes de adentrar ao local. Um longo corredor, cujas paredes são transpassadas por filões dourados, leva ao interior da montanha, onde pulsa a poderosa Chama, em um átrio de dimensões inimagináveis.

O grande KENICH AHAN e sua Fraternidade conservaram apontamentos da antiga cultura elevada, que proporcionam uma visão total do povo Maia.

As lâminas douradas, que revelam esta história somente poderão ser liberadas quando a Humanidade tiver maturidade suficiente.

O aluno é exortado a se tornar ele próprio um brilhante centro. Então, uma faixa de luz o liga ao Templo do Sol, e bênção e amor refluem a ele sempre que dirigir sua atenção à Chama dourada.

Se seguirem essas diretivas, amados alunos, vocês contribuirão para que a mudança para o Bem na Terra seja acelerada.

O TEMPLO DO SOL (ILUMINAÇÃO)
Yucatan – México Hierarca: Kenich Ahan
Cor da Chama: Ouro
Atributos: Iluminação Divina e Sabedoria
Música: SOM - "Greensleeves"

Outros produtos da autora

CDS dos 07 Raios:

Cada cd é uma emanação de Luz Divina dos Sete Raios, que emerge através do prisma da consciência do Cristo, que cada Mestre Ascenso, Arcanjo e Elohim forma a Grande Fraternidade Branca.

E estes cds contém instruções, decretos, meditações de cada raio. Uma grande oportunidade para todos que desejam ir ao encontro e dar cumprimento de sua missão na terra.

Conteúdo do CD

1- Invocação
2- Apresentação do Raio de Missão
3- Respectivo Raio de Missão
4- Arcanjo
5- Sobre o Elohim
6- Sobre o Mestre
7- A Mensagem do Mestre para o discípulo do Raio
8- Apelos e Decreto
9- Meditação para contatar a Hierarquia do raio
10- Música da Hierarquia do Raio

CD DE PRECES

São preces, invocações, apelos, decretos para todo Espírito da Grande Fraternidade Branca. Quando dirigimos nossas orações ao Deus Pai, ao Mestre Jesus, A Amada Mãe Maria, aos Mestres, Anjos, Arcanjos, elementais, aceleramos nesta hora nossos corações e elevamos nossos chacras e Luz de Deus dentro de nós.

As preces aqui contidas nos mantem reunidos continuamente aos céus, enquanto cumprimos nossa missão aqui na Terra. É nossa melhor forma de expressar, nossa gratidão, ao Pai da vida, e toda hierarquia pela proteção e amor a nós dedicada durante toda a vida.

Amamos e abençoamos, agradecemos a todos que contribuíram com a elaboração destes cds e dvds.

CD MEDITAÇÃO DE CURA

Esta meditação e visualização das imagens, te propõe a receber todas as bênçãos provenientes dos esforços, orações e trabalho disciplinar da mente e das emoções e ainda propõe o despertar do Olho Onividente de Deus que tudo vê. Os olhos de Deus estão em ti, em mim, no mundo inteiro para elevar a perfeição na qual Deus nos vê. É o desejo de todos nós recuperar a Visão Divina e elevar a energia kundalini, elevar nossa vibração, ascender a luz de nossos chacras e de nossa consciência e vibrar na Lu do equilíbrio para uma saúde perfeita de nossos corpos.

DVD RELIGAÇÃO DO SEU RAIO CÓSMICO DE MISSÃO E SEU OBJETIVO

Com imagens apropriadas e a meditação nele contida, visa a sua conexão com a Hierarquia Espiritual que te abraçou neste existência para te orientar, sustentar e abençoar na sua peregrinação pelo Planeta Terra.

Significa que esta meditação e imagens poderão leva-lo em contato com a presença do Eu Sou e. Quanto mais praticar a meditação, mais conectado e próximo da Hierarquia de Luz estará.

CD REATIVAÇÃO DE SUA MEMÓRIA ESTELAR

Promove a sua conexão e emoção com suas próximas ações eu terão raiz na Luz que você é. Você traz após esta meditação uma iluminadora informação referente a seu próprio crescimento espiritual à tona. É uma transformação, quando sua alma se une a luminosa dimensão de luz de onde vem sua origem e essa luz é a felicidade sem fim; é a luz que faz com que você atraia novas oportunidades, ativa sua vida, suas forças, ativa seu sistema imunológico. É essa luz o espírito interno que desperta perseverança, otimismo. É a luz e combustível que te motiva procurar obter mais vida. O encontro com sua raiz te equilibra, te centra, te alinha, te nutre de volta ao Cosmos, te dá consciência que és um ser cósmico vivente em uma nave corpórea.

valdiviahlatare@hotmail.com

OUTRA PUBLICAÇÃO DA AUTORA

SEU RAIO CÓSMICO DE MISSÃO

Neste livro, a autora mostra as características de cada um dos sete raios da grande fraternidade branca, como o mestre Saint Germain, e compartilha diversas experiências, canalizações, mensagens e decretos para que você também possa expandir sua consciência a fim de intensificar sua espiritualidade.

Referência bibliográfica

Apostilas de Ensinamentos da Crisostelar
Mensagens canalizadas pela Autora
Cabala Hebraica Sagrada, Crisostelar.

Contato com a autora:

www.crisostelar.com.br
Fone: (XX) 11 – 4971.5573
Email: Central@crisostelar.com.br
Templo: Rua dos Tamoios, 149 – Santo André- S.P.

Impresso por :

gráfica e editora
Tel.:11 2769-9056